Exterminem todos os malditos

F✺SF✺R✺

SVEN LINDQVIST

Exterminem todos os malditos

Uma viagem a *Coração das trevas* e à origem do genocídio europeu

Prefácio por
ATHENA FARROKHZAD

Tradução do sueco por
GUILHERME DA SILVA BRAGA

7 PREFÁCIO
Athena Farrokhzad

PARTE I
19 Rumo a In Salah
31 Um posto avançado do progresso
54 Rumo a Ksar Mrabtine

PARTE II
63 Os deuses das armas
102 Rumo a Tamanrasset
109 Os amigos

PARTE III
131 Rumo a Arlit
141 A descoberta de Cuvier
154 Rumo a Agadèz

PARTE IV
173 O nascimento do racismo
197 *Lebensraum, Todesraum*
221 Rumo a Zinder

236 NOTAS

Prefácio

Escrever é buscar uma forma que leve o limite entre a realidade e a ficção a tornar-se irrelevante. Aventurar-se na criação de um estilo que torne a experiência verdadeira ou, ainda, encontrar, nos recônditos da experiência, a exatidão que confere beleza ao estilo. Não é uma tarefa simples. Mesmo uma história muito interessante pode fracassar em consequência de uma apresentação incapaz de sustentá-la. E também o contrário: um tratamento literário pode mostrar-se empolado demais para reproduzir a existência de maneira crível. Talvez não seja por acaso que muitas das mais importantes obras na história da literatura valham-se de formas mistas, recusem-se a escolher um gênero específico e assim passem a movimentar-se entre um e outro como forma de não comprometer nem a realidade nem a beleza.

Se o historiador literário, o analista social, o jornalista, o escritor de diários e o poeta se encontram em uma única figura na literatura sueca, essa figura é Sven Lindqvist. Com um pé em todos esses universos do estilo e da experiência, já no livro de estreia *Ett förslag* [Uma proposta], publicado em 1955, Lindqvist cria uma forma de escrita ao mesmo tempo direta e equilibrística, que o leva a ser lido e amado por muitos. A obra mais influente que lançou, *Exterminem todos os malditos*, é descrita pelo autor como "prosa ensaística literária misturada a descrições de viagem", e talvez seja aqui que essa inconfundível forma híbrida encontre seu ponto culminante.

Quando foi publicado, em 1992, o livro provocou debate. A partir de *Coração das trevas*, obra canônica de Joseph Conrad, Lindqvist afirma que o genocídio não começa nem termina com o nazismo, mas que existe uma linha contínua entre o colonialismo europeu e a política alemã de extermínio: "Auschwitz foi a aplicação industrial e moderna do extermínio sobre o qual a supremacia mundial da Europa desde muito tempo repousava".

Em *Sanningskonst* [A arte da verdade], o livro de 2018 em que Lindqvist discute a vida e a carreira como autor, o crítico literário Stefan Jonsson recorda a época em que esses pensamentos surgiram. Em 1992 a cortina de ferro tinha acabado de cair, e a extrema direita estava em plena ascensão na Europa. Enquanto o neoliberalismo celebrava conquistas, as ideologias eram declaradas mortas e as democracias do Ocidente se defrontavam com os regimes brutais do comunismo e do nazismo, o livro de Lindqvist trouxe um lembrete de que "foram as forças coloniais europeias que incitaram o genocídio, na teoria e na prática".

Ler *Exterminem todos os malditos* é se entregar a uma forma ao mesmo tempo determinada e febril. É se mostrar disposto, uma vez que pressentimos que essa forma é necessária para um relato verdadeiro. É acompanhar o narrador ao longo de sua viagem errática em busca de conhecimento. Por vezes Lindqvist parece um aventureiro clássico que descobre não o continente, mas o colonialismo. A viagem passa por antigas colônias na África e pela defesa ou rejeição de fontes históricas da política de extermínio europeia. Trata-se de uma apresentação em que a beleza anda de mãos dadas com o horror, a luz corta como uma faca e o deserto se estende como uma lona de salvamento. O viajante engole a refeição quente e também os insights às pressas, e precisa se refrescar com o leite frio necessário a cada nova respiração.

O livro se encerra com as mesmas palavras que o abrem: "Não é conhecimento o que nos falta. O que nos falta é a coragem de olhar para aquilo que sabemos e tirar conclusões". É nessa composição circular que ocorre a viagem de formação, tanto de Lindqvist como do leitor. O texto nos obriga a correr atrás de insights afetivos, a transformar aquilo que sabemos racionalmente em uma coisa que nos leve a agir. Talvez apenas nesse momento o conhecimento venha a merecer esse nome.

Nesse sentido, Lindqvist junta-se à visão do filósofo judeu-alemão Walter Benjamin, segundo a qual uma perspectiva histórica não consiste em reconhecer "o que de fato aconteceu". Antes, trata-se de "apropriar-se de uma lembrança da forma como lampeja em um momento de perigo". Ao insistir na barbárie em meio aos pretensos arautos da civilização, ao demorar-se nos crimes atrozes que foram perpetrados em nome do humanismo, Lindqvist tem como objetivo equipar-nos contra uma possível repetição, fazer com que forcemos uma reação em nosso corpo.

Sete anos depois do sucesso de *Exterminem todos os malditos* sai o trigésimo livro dele. Mais uma vez a obra traz uma citação no título — as palavras que os meninos gritam uns para os outros no momento em que pinhas e gravetos transformam-se em armas em suas mãos: *Nu dog du* [Agora você morreu].* Com base na própria infância durante a Segunda Guerra Mundial, Lindqvist mapeia o século das bombas a

---

* O presente texto foi publicado inicialmente na edição sueca de *Exterminem todos os malditos*, que incluía este segundo título, *Nu dog du*. (Esta e as demais notas são da edição, exceto se indicado de outra maneira.)

partir do mesmo raciocínio que usa para descrever a guerra de extermínio. Quando os primeiros ataques aéreos chegam à Europa, já foram praticados por um longo tempo por europeus contra populações em outros lugares do mundo: "Um quarto de século depois do primeiro bombardeio, continuavam a ser africanos, árabes ou chineses os bombardeados, enquanto nós europeus podíamos olhar para os aviões nos céus com a certeza tranquilizadora de que nada de ruim poderia acontecer conosco. Afinal, já éramos civilizados".

O raciocínio se parece com o conceito de bumerangue colonial apresentado pelo filósofo francês Michel Foucault. Com o apoio da colega judia-alemã Hannah Arendt, Foucault descreve o processo mediante o qual os mecanismos de controle desenvolvidos pelas nações ocidentais para oprimir os países colonizados mais tarde voltam e passam a ser empregados também contra a própria população. Ele compara os países colonizados com laboratórios em que táticas de repressão são elaboradas para serem usadas contra os marginalizados no próprio território, quando estiverem aperfeiçoadas. Lindqvist, no entanto, não faz referência a esses antecessores. Talvez porque uma reportagem literária não precise efetuar uma revisão bibliográfica, talvez porque uma viagem de descoberta exija que o desbravador seja o primeiro a chegar.

Nu dog du tem uma estrutura narrativa complexa, em que quatrocentas partes numeradas oferecem tanto uma leitura cronológica como também uma leitura em fragmentos temáticos ordenados sob vinte e duas portas de entrada. Lindqvist revelou para Stefan Jonsson que a forma foi inspirada pelo mundo dos RPGs (*role playing games*). Com esse ato de leitura criativa, ele provoca os leitores a assumir a responsabilidade pelo "terrível quebra-cabeça", obrigando-os a tornar-se parte do caos na história. Essa construção labiríntica, que realça a multiplicidade das ligações entre épocas e lugares diferentes, é ainda mais repleta de fatos do que *Exterminem todos os malditos*. O "eu" como instância ávida e por vezes delirante revela-se menos presente, apesar da inspiração autobiográfica. Mas também aqui encontramos o leite com o qual Lindqvist se refresca quando o insight da guerra iminente se torna pesado demais para ser suportado.

Em *Nu dog du* Lindqvist mostra como a exigência de se regular a guerra para mitigar a exposição da população civil contradiz o objetivo extraoficial da bomba enquanto fenômeno: finalmente pode-se vencer a guerra, não mais vencendo o exército inimigo, mas atacando e desmoralizando a população civil, tornando o custo humano alto o suficiente para fazer com que o inimigo capitule. Assim, as considerações humanitárias não apenas passam a ser secundárias, mas a própria falta de consideração se transforma no serviço político desempenhado pela tecnologia das bombas.

Talvez a grandeza do projeto de Lindqvist resida justamente no fato de que ele aponta os holofotes para a lógica e para o funcionamento da força, e não para as vítimas. Nem *Exterminem todos os malditos* nem *Nu dog du* têm como ponto de partida o sofrimento do povo exterminado, mesmo que as terríveis consequências desse extermínio ainda hoje ecoem por todos os lados. Em vez disso, ele parte da visão que os europeus têm a respeito de si próprios e das batalhas intestinas que se desenrolam nas potências coloniais. Ao fazer uma leitura cerrada e reproduzir passagens-chave de romances, textos científicos e escritos políticos, Lindqvist captura a forma como o interesse nos lucros põe-se em rota de colisão com a suspeita de que os selvagens, apesar de tudo, merecem um tratamento ético.

A pesquisa obcecada de Lindqvist a respeito das diversas faces do colonialismo prosseguiu até sua morte. Ao lado de

Antirasister [Antirracistas], de 1995, *Terra nullius* [Terra de ninguém], de 2005, sobre os crimes cometidos pelos ingleses contra os aborígines, e *Avsikt att förinta* [Intenção de exterminar], um apêndice à história do genocídio que viria a ser seu último livro publicado, *Exterminem todos os malditos* desponta como uma obra incontornável da literatura pós-colonial. Não apenas pela compreensão do modo como a história do racismo deixou marcas em nosso presente, mas também para aqueles que se dispõem a pensar sobre as relações entre estilo, verdade e beleza.

ATHENA FARROKHZAD
Poeta, crítica literária, tradutora e professora irano-sueca. Seu primeiro livro de poesia, Vitsvit *[Flagelo branco], foi traduzido para diversos idiomas e adaptado para o teatro.*

Para

*Olof Lagercrantz,
que viajou com* Coração das trevas

e

*Etienne Glaser,
que interpretou Adolf em* Hitlers barndom
[A infância de Hitler]

No fundo devíamos exterminar todos os judeus e todos os negros. — Vamos sair vitoriosos. As outras raças vão morrer e desaparecer.

                        Resistência branca ariana, Suécia, 1991

Vocês podem até nos exterminar. Mas os filhos das estrelas jamais vão ser cachorros.

                        Somabulane, Rodésia, 1896

Parte I

Rumo a In Salah

1

Você já sabe o suficiente. Eu também. Não é conhecimento o que nos falta. O que nos falta é a coragem de olhar para aquilo que sabemos e tirar conclusões.

2

Tademaït, "o deserto dos desertos", é a região mais morta em todo o Saara. Por lá não se encontra nenhum sinal de vegetação. Toda a vida foi extinta. No chão existe apenas o verniz preto e reluzente do deserto que o calor extrai das pedras.

O ônibus noturno, o único que vai de El Golea a In Salah, com sorte leva sete horas para fazer o trajeto. Os assentos são disputados com duas dúzias de soldados com botas de combate, treinados em técnicas de enfrentamento a filas na escola de combate corpo a corpo mantida pelo Exército argelino em Sidi Bel Abbès. O sujeito que traz debaixo do braço as fundações do pensamento europeu em um disco rígido antigo acaba sem dúvida prejudicado.

Na estrada secundária em direção a Timimoun servem sopa de batata com pão através de um buraco na parede. Depois o asfalto em ruínas termina e o ônibus continua pelo deserto sem estradas.

É como um rodeio. O ônibus se comporta como um cavalo jovem e indomado. Com os vidros tremendo e as suspensão gritando, o ônibus sacoleja, bate os pés e salta à frente, e cada novo impacto é transferido para o disco rígido no colo e então para o disco flexível da coluna espinhal, que parece uma pilha de blocos de montar balançantes. Quando já não há mais como permanecer sentado, me seguro no bagageiro ou então me agacho.

Isso era o que eu temia. Isso era o que eu queria.

A noite é incrível sob o luar. Hora após hora o deserto branco corre do lado de fora da janela: pedra e areia, pedra e cascalho, cascalho e areia — tudo reluzente como a neve. Hora após hora. Nada acontece até que uma luz de repente se acende no escuro quando um dos passageiros faz sinal para que o ônibus pare. Ele desce e põe-se a caminhar deserto afora.

O som dos passos some na areia. Ele mesmo também some. Nós mesmos também sumimos naquela escuridão branca.

3

As fundações do pensamento europeu? Sim, existe uma frase, uma frase curta e simples, de apenas três ou quatro palavras, que resume toda a nossa história do mundo, toda a nossa história da humanidade, toda a nossa história da biosfera, do Holoceno[1] ao Holocausto.

Essa frase não diz nada sobre a Europa como origem do humanismo, da democracia e do bem-estar social. Não diz nada sobre tudo aquilo que com razão nos enche de orgulho. Enuncia apenas uma verdade que gostaríamos de esquecer.

Passei anos estudando essa frase. Reuni uma quantidade enorme de material que nunca vou arranjar tempo para analisar. Eu gostaria de sumir nesse deserto onde ninguém poderia me encontrar, onde haveria todo o tempo do mundo. Sumir e não voltar mais, a não ser que eu tenha compreendido aquilo que já sei.

4

Desço em In Salah.
A lua já não reluz. O ônibus leva os faróis embora e desaparece. Ao meu redor a escuridão se adensa.
Foi nos arredores de In Salah que o explorador escocês Alexander Gordon Laing[2] foi atacado e roubado. Ele levou cinco estocadas no alto da cabeça e três na fronte esquerda. Uma das estocadas no lado esquerdo do rosto quebrou a mandíbula e partiu a orelha. Um ferimento terrível na nuca chegou à traqueia, uma bala no quadril raspou contra a coluna. Três estocadas no braço direito e na mão, três dedos quebrados, punho fraturado etc. etc...
Num lugar ao longe é possível discernir uma fogueira. Começo a arrastar o meu pesado processador de texto e a minha bagagem ainda mais pesada em direção à luz.
Grãos de areia vermelha soprados pelo vento atravessam o caminho. Ao longo da subida, a areia solta se acumula em montes. Ando dez passos, descanso e ando dez passos outra vez. A luz não chega mais perto.
Era janeiro de 1825 quando Laing foi atacado. Porém o medo é atemporal.
No século 17, Thomas Hobbes sentia o mesmo tipo de medo da solidão, da noite e da morte que eu sinto. "Certos homens

são tão cruéis", ele disse certa vez ao amigo Aubrey, "que têm mais prazer ao matar uma pessoa que você teria ao matar um pássaro."

A fogueira parece tão distante quanto antes. Será que devo largar o disco rígido e a mala para avançar mais depressa? Não. Eu sento na areia e decido esperar pela aurora.

Lá embaixo, perto do chão, de repente sou atingido por uma rajada de vento que traz consigo o cheiro de madeira queimada.

Será que os cheiros do deserto são mais intensos por serem mais raros? Será que a madeira no deserto é mais concentrada, e por isso solta um cheiro mais forte ao queimar? O certo é que a fogueira, que aos olhos parecia longínqua, de repente está bem diante do meu nariz.

Levanto e sigo em frente.

É com um profundo sentimento de vitória que por fim me aproximo dos homens agachados ao redor do fogo.

Eu os cumprimento. Pergunto. E descubro que estou num caminho totalmente errado. Basta voltar, eles dizem.

Sigo minhas pegadas de volta ao ponto onde desci do ônibus.

E depois avanço rumo ao sul pela mesma escuridão.

5

"O medo sempre permanece", diz Conrad. "Um homem pode destruir tudo dentro de si — o amor e o ódio, a crença e até a dúvida; mas enquanto estiver vivo ele não pode destruir o medo."[3]

Hobbes teria concordado. Nesse aspecto os dois estendem a mão um ao outro através dos séculos.

Por que viajo tanto, se tenho um medo terrível de viagens? Por que viajou Artur Lundkvist, que sentia o mesmo temor?

Será que procuramos no medo uma percepção maior da vida, uma forma mais intensa de existir? Temo, logo existo. Quanto mais temo, mais existo?

6

In Salah tem um único hotel, o grande, caro e elegante hotel estatal Tidikelt, que, ao ser encontrado, não tem nada a oferecer senão um quartinho escuro e gelado com um sistema de calefação que há muito tempo parou de funcionar.

Tudo é como de costume no Saara: o cheiro de desinfetante, o grito das dobradiças sem óleo na porta, a cortina baixada até a metade. Reconheço muito bem a mesa com a quarta perna mais curta que as outras e o véu de areia que recobre o tampo, o travesseiro, a pia. Reconheço a torneira que ao ser fechada com força demais começa a pingar até que, depois de encher meio copo de escova de dentes, desiste com um suspiro resignado. Reconheço a cama militar dura que não admite pés, ou pelo menos não caso estejam dispostos em ângulo em relação às pernas, com metade das cobertas presas embaixo do estrado, de maneira que o cobertor chega apenas até o umbigo — tudo a fim de proteger até o fim a virgindade intocada das roupas de cama.

Muito bem, viajar talvez seja preciso. Mas por que justamente para cá?

7

O barulho de pancadas. As pancadas caem sobre a laringe. Um estalo como o da casca de um ovo que quebra e então o gorgolejo quando o espancado tenta respirar.

Acordo na manhã seguinte, ainda vestido. A cama está vermelha da areia que eu trouxe do ônibus. Cada uma das pancadas continua a quebrar uma laringe. A última vai quebrar a minha.

8

O hotel se encontra envolto em areia, sozinho ao lado de uma estrada deserta que atravessa uma planície deserta. Eu caminho pela areia funda. O martelo do sol bate implacavelmente. A luz cega tanto quanto a escuridão. O ar bate no meu rosto como uma fina camada de gelo.

Levo meia hora para ir até o correio, que fica quase à mesma distância do banco e do mercado. A cidade antiga se encolhe, inacessível ao sol e às tempestades de areia, mas a cidade nova é um pouco mais espalhada e vale-se do planejamento urbano moderno para maximizar a desolação do Saara.

As fachadas de tijolos vermelhos no centro da cidade são realçadas por uma série de pilares e portais brancos, ameias e merlões brancos. O estilo é chamado de "sudanês", preto, de "Bled es sudan", o país dos pretos. Na verdade é um estilo fantasioso, criado por franceses para a Exposição Universal de Paris, em 1900, e a partir de então implantado no Saara. A cidade moderna tem o cinza do concreto internacional.

O vento sopra do leste. Sinto-o queimar meu rosto enquanto volto ao hotel. Os hóspedes são principalmente caminhoneiros e estrangeiros, em boa parte alemães, todos "subindo" ou "descendo", como se estivessem numa escada. Todos conversam a respeito da estrada, da gasolina, do equipamento, todos estão ocupados com o pensamento de pôr-se novamente a caminho o mais breve possível.

Prendo o mapa na parede com fita adesiva e observo as distâncias. São 290 quilômetros de deserto até o oásis mais próximo a oeste, o Reggane. São quatrocentos quilômetros de deserto até o oásis mais próximo ao norte, El Golea, de onde acabo de chegar. São quinhentos quilômetros em linha reta até o oásis mais próximo a leste, Bordj Omar Driss. São 660 quilômetros de deserto até o oásis mais próximo ao sul, Tamanrasset. São mil quilômetros em linha reta até o mar mais próximo, o Mediterrâneo, e 1300 quilômetros em linha reta até o rio mais próximo, o Níger. São 1500 quilômetros até o mar a oeste. A leste o mar é tão distante que chega a perder o sentido.

Toda vez que olho para as distâncias que me rodeiam, toda vez que percebo que estou aqui, no marco zero do deserto, sinto uma pontada de júbilo atravessar o meu corpo. É por isso que fico.

9

Se ao menos eu conseguisse fazer essa máquina funcionar! A questão é descobrir se ela resistiu aos impactos e ao pó. Os disquetes são mais ou menos do tamanho de um cartão-postal. Tenho quase cem disquetes embalados hermeticamente, uma biblioteca inteira que não pesa mais do que um único livro.

A qualquer momento posso entrar em algum ponto diferente da história do pensamento exterminatório,[4] desde a aurora da paleontologia, quando Thomas Jefferson ainda considerava inconcebível que uma única espécie pudesse desaparecer da economia da Natureza, até o conhecimento atual de que 99,99% de todas as espécies já foram extintas — boa parte durante um pequeno número de extermínios em massa que acabaram com praticamente toda a vida.

O disquete pesa cinco gramas. Eu o coloco no drive e ligo o computador. O monitor se acende e a frase que estudo há muito tempo brilha na escuridão do quarto.

A palavra "Europa" vem de uma palavra semítica que significa justamente escuridão. A frase que brilha no monitor é legitimamente europeia. O pensamento já começava a surgir na virada do século, entre 1898 e 1899, quando enfim ganhou forma graças a um escritor polonês que muitas vezes pensava em francês mas escrevia em inglês: Joseph Conrad.

Kurtz, o protagonista de *Coração das trevas*, termina o relatório sobre a tarefa civilizatória dos brancos em meio aos selvagens da África com um pós-escrito redigido à mão que resume o conteúdo real de toda a retórica.

É essa frase que agora brilha à minha frente no monitor: *"Exterminate all the brutes."*

10

A palavra latina *"extermino"* significa levar para além do limite, *"terminus"* — exilar, afastar. Daí o inglês *"exterminate"*, que significa levar para além do limite da morte, afastar da vida.

O sueco não tem nenhuma palavra que corresponda diretamente a essa. Podemos dizer *"utrota"*, ainda que essa seja uma palavra totalmente distinta, que corresponde ao inglês *"extirpate"*, do latim *"stirps"* — raiz, genealogia, linhagem.

Tanto em inglês como em sueco, a palavra deixa implícito que esse acontecimento raramente diz respeito a um único indivíduo, mas dirige-se a grupos inteiros, tais como ervas daninhas, roedores ou populações.

A continuação, *"all the brutes"*, aparece na antiga tradução sueca como *"alla odjuren"* [todas as bestas]. E claro, *"brute"* pode significar "*odjur*" [besta]. Mas essa palavra sugere principalmente animais, com ênfase nos mais animalescos dentre todos os animais. Os africanos foram chamados de animais — já desde os primeiros contatos, quando os europeus os descreveram como "*rude and beastlie*" [rústicos e animalescos], "*like brute beasts*" [como bestas selvagens] e "*more brutish than the beasts they hunt*" [mais brutos do que as bestas que eles caçam].[5]

A tradução mais recente entende que "*brute*" também é uma palavra ofensiva e traz "*hela byket*" [toda a gentalha]. É uma paráfrase que mitiga o original. Eu quero preservar a força brutal dessa frase e traduzo: "*utrota varenda jävel*" [exterminem todos os malditos].

11

Por anos imaginei ter encontrado a fonte do "*exterminate all the brutes*" de Conrad no grande filósofo liberal Herbert Spencer.

Em *Social Statics* [Estática social, 1850] ele escreve que o imperialismo prestou serviços à civilização por ter varrido as raças inferiores da face da Terra.

> As forças que operam no grande projeto da felicidade completa, sem atentar para o sofrimento de caráter secundário, exterminam ("*exterminate*") todas as parcelas da humanidade que se põem no caminho [...]. Humano ou besta ("*brute*") — o obstáculo precisa ser removido.[6]

Esse trecho encerrava toda a retórica civilizatória de Kurtz, bem como as palavras-chave "*exterminate*" e "*brute*", e ademais o homem era tratado ao mesmo tempo como animal e como objeto do extermínio.

Eu imaginava ter feito uma pequena descoberta científica digna de figurar como nota de rodapé na história da literatura. A frase de Kurtz podia ser "explicada" pelas fantasias exterminatórias de Spencer. Estas, por sua vez, no meu entendimento, não passavam de excentricidades pessoais, que talvez pudessem ser explicadas pelo fato de que todos os irmãos de Spencer haviam morrido quando ele ainda era pequeno. Uma conclusão tranquila e reconfortante.

12

Se eu tivesse parado nesse ponto, achando que já sabia o bastante, eu haveria tirado uma conclusão equivocada. Mas continuei.

Logo descobri que Spencer não estava de forma nenhuma sozinho nessa visão de mundo. Era uma ideia comum e tornou-se cada vez mais comum na segunda metade do século 19, a tal ponto que Eduard von Hartmann pôde escrever, no segundo volume de sua *Philosophy of the Unconscious* [Filosofia do inconsciente, 1884], lido por Conrad em tradução inglesa: "Ao cortar a cauda de um cão, não constitui nenhum favor executar o corte centímetro a centímetro. Tampouco é sensato, *quando um povo se encontra à beira do extermínio*, prolongar essa agonia por meios artificiais...".[7]

O verdadeiro filantropo, segundo Hartmann, não pode querer outra coisa senão acelerar a extinção dos povos selvagens e trabalhar para esse fim.

Na época, o pensamento de Hartmann era quase uma platitude. Nem ele nem Spencer eram pessoalmente desumanos. Mas a Europa de onde vinham era.

A frase "exterminem todos os malditos" é tão próxima do coração do humanismo quanto Buchenwald é próximo da casa de Goethe em Weimar. Esse insight tornou-se quase totalmente reprimido — mesmo pelos alemães, que sozinhos carregam a culpa por uma mentalidade de extermínio que no fundo é uma propriedade comum de toda a Europa.

13

Graças aos alemães que viajam pelo deserto, por vezes chegam até mim os ecos de uma batalha ligada ao passado ainda presente que agora mesmo ocorre na Alemanha. Esse *Historikerstreit* diz respeito à seguinte questão: O extermínio dos judeus promovido pelos nazistas seria mesmo *einzigartig*, um acontecimento único, ou não?

Em um artigo, Ernst Nolte chamou "o suposto extermínio de judeus pelo Terceiro Reich" de "reação ou cópia distorcida, e não acontecimento único e original". O original, segundo Nolte, seria o extermínio praticado nos gulags da União Soviética na década de 1920 e as purgas promovidas por Stálin na década de 1930. Teriam sido eles o que Hitler copiou.

Habermas respondeu a esse argumento e assim a batalha teve início.

A ideia de que o extermínio nos gulags pudesse ter *causado* o extermínio dos judeus parece ter sido abandonada, e muitos historiadores defendem a ideia de que todos os acontecimentos históricos seriam *einzigartig* no sentido de que são únicos, e não cópias uns dos outros. Mas assim mesmo é possível traçar paralelos. E dessa forma surgem, ao mesmo tempo, similaridades e diferenças entre o extermínio dos judeus e outros assassinatos em massa. Já se mencionou uma série inteira desses acontecimentos, desde os massacres cometidos pelos turcos contra os armênios no início do século 20 até as atrocidades de Pol Pot, quase sempre de passagem.

Mas ninguém fala sobre o extermínio do povo herero pelos alemães no Sudoeste Africano durante a infância de Hitler. Ninguém menciona os genocídios análogos cometidos por franceses, britânicos ou americanos. Ninguém aponta o fato de que uma parte importante da concepção humana na época da infância de Hitler era uma crença de que as "raças inferiores" estariam naturalmente condenadas à extinção, e de que a verdadeira solidariedade das raças superiores consistia em ajudá-las nessa tarefa.

Todos os historiadores alemães que participam do debate parecem olhar sempre para a mesma direção. Ninguém olha para o Ocidente. Mas foi isso o que Hitler fez. O que Hitler pretendia criar com a busca do "*Lebensraum*" no Oriente era um correspondente do Império Britânico no continente. Foi ao olhar para os britânicos e para os outros povos europeus que ele encontrou os modelos dos quais o extermínio dos judeus seria uma "cópia distorcida".[8]

Um posto avançado do progresso

*"Exterminating all the niggers"**

14

Em 22 de junho de 1897, mesmo ano em que o conceito de *"Lebensraum"*[1] nasceu na Alemanha, a política expansionista britânica atingiu o ponto máximo. O maior império da história do mundo celebrou a si mesmo com uma soberba sem igual.

Representantes de todos os povos e territórios subjugados pelos britânicos, que incluíam perto de um quarto do território e da população mundiais, foram reunidos em Londres a fim de render homenagens à rainha Vitória no aniversário de sessenta anos do reinado.

Havia na época um periódico chamado *Cosmopolis*, que tinha como público-alvo pessoas cultas de toda a Europa e trazia contribuições não traduzidas em alemão, francês e inglês.

Diante desse público europeu qualificado, a rainha Vitória foi comparada a Dario, a Alexandre, o Grande, e a Augusto. Nenhum desses antigos imperadores poderia gabar-se de conquistas como aquelas feitas por Vitória.

---

* No original, em inglês: "Exterminando todos os pretos".

O império britânico havia crescido 9 milhões de quilômetros quadrados e ganhado 150 milhões novos súditos. Os britânicos haviam ultrapassado a China, que, com 400 milhões de habitantes, era até então vista como o império mais populoso da Terra.[2]

As outras grandes potências da Europa talvez ainda não houvessem percebido o poderio militar do Império Britânico. Havia mais instinto de combate e mais espírito de guerra entre os ingleses que em qualquer outro povo. No que dizia respeito às esquadras, o império não era apenas superior, mas detinha a supremacia absoluta sobre os mares.

Os britânicos não se deixaram inebriar pelas conquistas, mas cultivaram uma atitude humilde segundo a qual esse resultado — que talvez não tivesse equivalente na história — devia-se à graça de Deus todo-poderoso.

Além, é claro, da própria rainha. Talvez não fosse possível medir a envergadura moral de Vitória com precisão científica, mas estava claro que ela teve uma influência enorme.

"A cerimônia de hoje", escreveu um observador estrangeiro, "encerra um triunfo maior que todos os outros já celebrados: mais vitalidade nacional, mais comércio, mais cultivo de terras selvagens, mais supressão da bestialidade, mais paz, mais liberdade. E não se trata de estardalhaço, mas de simples estatística..."

"A nação britânica observou, consciente e decidida, o enorme poder, o avanço colonial, a unidade vibrante e o território que se espalha pelo mundo inteiro, e assim os celebrou."

"Os vivas significavam: nunca fomos tão fortes. Que o mundo inteiro saiba que não pretendemos tornar-nos fracos no futuro!"

Esse era o clima geral em 1897. Os colaboradores alemães e franceses uniram-se ao coro encomiástico. Todos olhavam para a mesma direção. E é por isso que a história que abre o número do jubileu provoca um efeito único de choque.

15

Dois europeus, Kayerts e Carlier, são enviados por um diretor cínico a um pequeno posto comercial às margens do grande rio.

Os dois leem um periódico amarelado que, com retórica grandiloquente, exalta "Nossa expansão colonial". Como na edição de jubileu do *Cosmopolis*, as colônias são tratadas como um trabalho sagrado feito em nome da Civilização. O artigo elogia as qualidades dos pioneiros que trazem luz, fé e comércio aos "recantos escuros" da Terra.

A princípio, os dois companheiros acreditam naquelas palavras grandiosas. Mas aos poucos descobrem que as palavras são apenas sons, *"sounds"*. E que os sons não têm conteúdo fora da sociedade que os criou. Somente enquanto houver um policial na esquina, somente enquanto houver comida à venda no mercado, somente enquanto a opinião pública enxergar você — somente até esse ponto os sons constituem uma moral. A consciência pressupõe uma sociedade.

Mas logo os dois estão a ponto de se envolver com comércio escravo e assassinato em massa. Quando as provisões acabam, eles discutem por um cubo de açúcar. Kayerts foge para salvar a própria vida, certo de que o camarada o persegue de pistola em punho. Quando os dois se veem frente a frente, Kayerts dispara em legítima defesa, segundo acredita — e apenas mais tarde descobre que o pânico o levara a matar um homem desarmado.

Mas que importa? Ideias como "virtude" e "crime" não passam de sons. Todos os dias pessoas morrem aos milhares, Kayerts pensa sentado junto ao cadáver do companheiro, talvez às centenas de milhares — quem pode saber? Um a mais ou a menos não deve ter nenhum grande significado — pelo menos não para uma criatura pensante.

E ele, Kayerts, é uma criatura pensante. Até esse ponto, ele havia feito como o restante da humanidade e acreditado em uma série de absurdos. Mas naquele momento começa a pensar de verdade, pela primeira vez. E então ele passa a saber. E então tira a conclusão a partir do que sabe.

Quando a manhã chega, a névoa é cortada por um grito inumano. O vapor da companhia, que os dois esperavam havia meses, tinha enfim chegado!

O diretor da grande Companhia Civilizatória desembarca e encontra Kayerts enforcado na cruz do túmulo de seu representante. Ele parece estar em posição de sentido, porém mesmo na morte estende a língua para o diretor.

16

E não apenas para o diretor. Kayerts estende a língua preta e intumescida para toda a celebração do jubileu que ocorria nas colunas que rodeiam a história, para toda a ideologia imperialista que havia triunfado naquelas páginas.

Era natural que "Um posto avançado do progresso" de Joseph Conrad, publicado originalmente no *Cosmopolis*, fosse entendido como um comentário ao jubileu. Mas na verdade a história fora escrita um ano antes, em julho de 1896, durante a viagem de núpcias de Conrad pela Bretanha. Essa foi uma das primeiras novelas que ele escreveu.

A matéria-prima foi retirada de sua própria estada no Congo. Ele mesmo tinha viajado nos vapores da Companhia pelo rio, visto os pequenos postos comerciais e ouvido os relatos dos companheiros de viagem. Um desses companheiros chamava-se justamente Kayerts.[3]

Já fazia seis anos que esse material estava na posse de Conrad. Por que atualizá-lo naquele momento? O debate sobre o

Congo ganhou destaque apenas seis anos mais tarde, em 1903. O que teria levado Conrad, naquele julho de 1896, a interromper tanto a viagem de núpcias como o romance em que vinha trabalhando para escrever um conto sobre o Congo?

17

Troquei de hospedagem. Estou em um quarto barato no hotel desativado Badjouda, em frente à entrada do mercado, e agora como as refeições oferecidas por Ben Hachem Moulay no "Restaurante dos amigos". Ao entardecer, sento embaixo das árvores na rua principal, bebo café com leite e fico olhando as pessoas que passam.

Cem anos atrás, o mercado em In Salah era o mais importante ponto de encontro em todo o Saara. Os escravos do sul eram trocados por sementes, tâmaras e produtos industriais do norte. Não era necessário sequer prender os escravos: fugir de In Salah significava a morte certa no deserto. Os poucos que tentavam fugir eram facilmente recapturados e punidos. Eles tinham os testículos esmagados, os tendões de aquiles cortados e eram deixados pelo caminho.

Naquele mercado outrora famoso hoje se prostram verduras importadas, tristes mesmo antes do desembarque. Artigos têxteis gritam em cores vibrantes, quase venenosas.

A banca de livros é especializada nos segundos volumes de obras-primas clássicas, como *Dom Quixote* e o livro de Madame de Staël sobre a Alemanha. O primeiro volume foi entregue em outro oásis, talvez em razão de uma política distribucionista — afinal, não seria justo permitir que um único oásis recebesse tanto o primeiro como o segundo volume de um mesmo livro em alta demanda.

A única coisa realmente interessante que o mercado tem a oferecer é madeira petrificada — restos de árvores gigantes que morreram milhões de anos atrás e foram enterradas pela areia. O ácido silícico transforma a madeira em pedra que, com a movimentação da areia, muito tempo depois é libertada e acaba no mercado.

É proibido recolher pedaços de madeira petrificada maiores que um punho fechado. Porém mesmo na mão fechada há espaço de sobra para as verdejantes florestas do Saara. Meu pedaço está em cima da mesa e assemelha-se a madeira viva, carregada com o cheiro de folhas úmidas e o farfalhar de copas exuberantes.

18

Quando eu ainda era pequeno e meu pai chegava do trabalho, a primeira coisa que ele fazia era ir até minha vó para cumprimentá-la.

Minha mãe não gostava disso. Sentia-se traída.

O amor entre mãe e filho não seria mais forte e mais verdadeiro que aquele entre marido e mulher? Meu pai era o filho favorito de minha vó, o filho que ela carregava no ventre quando perdeu o marido; o filho que ela tinha dado à luz como mãe solteira. E meu pai, que nunca tinha visto o próprio pai, oferecia todo o amor para ela.

Minha mãe sabia dessas coisas. Eu também sabia. Quanto a mim, eu gostava principalmente de minha vó. Ao vê-la indefesa na velhice, eu me reconhecia indefeso na infância.

Minha vó tinha cheiro de vó. Um forte cheiro ao mesmo tempo adocicado e azedo que saía do quarto e do corpo dela. Minha mãe detestava aquele cheiro, especialmente na mesa de refeições. Minha vó sabia disso. Ela comia na cozinha.

De vez em quando minha mãe fazia incursões ao quarto de minha vó para tentar acabar com a fonte daquele cheiro. Era uma tentativa fadada ao fracasso, porque o cheiro vinha de minha própria vó. Mas toda vez minha mãe juntava "um monte de tralhas antigas que a vó acumulou" e jogava tudo fora na tentativa de se livrar do cheiro.

Meu pai não conseguia defender minha vó contra isso. Afinal, era verdade que ela tinha esse cheiro. Não haveria como negar a existência do cheiro, nem como negar que o cheiro significava sujeira e que era preciso livrar-se da sujeira. A lógica era impecável. Meu pai só conseguia retardar e mitigar essas medidas quando minha vó, às lágrimas, pedia misericórdia. O resto ficava a meu encargo.

Minha vó era a costureira da casa, e guardava em pilhas debaixo da cama toda uma biblioteca de remendos e retalhos de tecido. Ainda muito pequeno, eu adorava brincar com aqueles panos que atiçavam a minha fantasia. Fiz um boneco com um retalho do pijama xadrez de meu pai e uma mulher com um pedaço da blusa de seda rosa de minha mãe. Minha vó me ajudou. Juntos, nós dois fizemos bichos e pessoas.

Em razão disso, eu entendia muito bem o desespero de minha vó com o descarte das "tralhas". A tentativa de minha mãe no sentido de manter a limpeza era para mim um ataque desalmado, como aqueles a que eu mesmo por vezes me via sujeito. Por isso eu revirava a lixeira à procura das coisas de minha vó e as escondia entre as minhas até que o perigo houvesse passado.

Foi assim que eu também salvei o velho e amarelado livro *I palmernas skugga* [À sombra das palmeiras, 1907], de Edvard Vilhelm Sjöblom.

19

Na minha infância os livros eram ordenados com as brochuras dispostas nas prateleiras da esquerda, as encadernações com lombada de tecido no meio e as encadernações com lombada de couro bem à direita.

Os livros eram dispostos dessa forma em razão dos estranhos que apareciam. "Estranhos" eram todas as pessoas que não faziam parte da família. Um estranho que parasse junto à porta veria apenas uma pequena parte da estante, e assim pensaria que todos os livros tinham encadernação em couro com douraduras na lombada. Caso o estranho avançasse mais um pouco, teria a impressão de que os livros eram pelo menos encadernados. Apenas quando chegasse ao lustre o estranho poderia ver as brochuras dispostas à esquerda.

Entre os livros com encadernação em meio-couro havia uma série chamada *Tre år i Kongo* [Três anos no Congo, 1887]. Nessa coleção, três oficiais suecos relatavam as experiências vividas no Congo a serviço do rei Leopoldo da Bélgica.

Um colega mais experiente deu ao tenente Georg Vilhelm Pagels o conselho de tomar por amigo o chicote de couro de hipopótamo, "que a cada vergastada corta runas de sangue".

Talvez o conselho soasse demasiado cruel para ouvidos europeus, disse Pagels, mas ele sabia por experiência própria que era verdade. Particularmente importante era também se manter frio e indiferente ao aplicar as vergastadas: "Se você precisar aplicar castigo físico a um selvagem, que esse castigo transcorra sem que um único músculo do rosto traia os seus sentimentos".

O tenente Gleerup escreveu no relatório que havia chicoteado um dos carregadores até que o homem sucumbisse a um surto de febre, e que depois os outros recém-chicoteados cuidaram dele, estenderam panos brancos por cima dele e o trataram como se fosse um bebê, e que o homem manteve a cabeça apoiada no colo de um dos companheiros enquanto um terceiro correu até o vale em busca de água, de maneira que logo ele estava refeito para mais uma vez ouvir o chicote assoviar.

Mas os negros que agiam dessa forma eram poucos. Para o "selvagem típico" valia o exato oposto.

Nele, Pagels tentava em vão descobrir características positivas. "Estivesse eu no leito de morte e um copo d'água fosse suficiente para salvar minha vida, nem assim o selvagem trar-me-ia essa água, a não ser que eu me dispusesse a remunerá-lo pelo incômodo."

Moral, amor, amizade — nada disso existe no selvagem, de acordo com Pagels. Ele não respeita nada a não ser a força bruta. Toma amizade por estupidez. Sendo assim, não se deve jamais demonstrar amizade a um selvagem.

Esse seria um trabalho imenso que o jovem Estado Livre do Congo teria pela frente caso a empresa civilizatória fosse laureada com a vitória, segundo Pagels. Ele invocou a bênção do Altíssimo sobre o nobre e abnegado benfeitor da humanidade, o príncipe excelso e soberano do Estado Livre do Congo, Sua Majestade o Rei Leopoldo II, que liderava esses esforços.

Os relatórios desses três oficiais foram entregues em 30 de setembro de 1886 para a Sociedade Sueca de Antropologia e Geografia no salão de festas do Grand Hotel na presença do rei Leopoldo II, do príncipe-herdeiro e dos duques de Gotland, Vestergötland e Nerike.

Ninguém fez nenhum tipo de objeção.

Pelo contrário. O orador da Sociedade, professor e barão Von Düben, declarou:

"Com imenso orgulho recebemos a notícia de que esses senhores, que se aventuraram pelo Congo em meio a agruras, batalhas e sacrifícios naquele país hostil, souberam a todo momento assegurar com dignidade a reputação da Suécia."

Essa era a verdade naquele volume de encadernação em meio-couro na estante de livros. Mas entre as brochuras mais para o canto havia uma verdade diferente, com o cheiro de minha vó.

20

Na Suécia, até 1966 os pais tinham o direito de aplicar castigos físicos aos filhos. Em muitos países da Europa os pais ainda têm esse direito. Nos ferreiros franceses ainda hoje é possível comprar um tipo específico de chicote de couro para o castigo da esposa e das crianças, chamado "*martinet*", que consiste em nove tiras de couro e por esse motivo recebeu o nome de "gato de nove caudas".

Na casa dos meus pais usava-se uma vara de bétula. Em ocasiões excepcionalmente solenes minha mãe me levava para a floresta para cortar as varas. Nesses momentos a expressão dela mantinha-se tal como Pagels sugere. Nenhum músculo traía os sentimentos.

Eu evitava os olhares dela. Fixava os olhos nas minhas galochas pretas. Íamos até o Antigo Campo Desportivo, onde salgueiros cresciam na orla da floresta. Minha mãe cortava as varas uma depois da outra e desferia golpes no ar para testar o assovio. Depois ela as entregava para mim. Eu as levava até em casa, ocupado com um único pensamento: tomara que ninguém nos veja!

A vergonha era o pior castigo.

E também a espera.

Eu passava o dia inteiro à espera do momento em que o meu pai chegaria em casa. Ao chegar, ele não sabia de nada. Dava para ver na expressão do rosto, totalmente normal. Ele estava prestes a falar com minha vó quando minha mãe o interrompia e falava sobre as coisas terríveis que tinham acontecido.

Eu era mandado para a cama. Lá, ficava à espera enquanto os dois conversavam. Eu sabia o que diziam a meu respeito.

Depois eles entravam no quarto. Os dois tinham o rosto frio, indiferente, hostil. Minha mãe trazia as varas. Meu pai perguntava se era verdade. Eu tinha mesmo me comportado mal ao desmanchar o pinheiro de Natal? Tinha mesmo dito palavrões? Tinha mesmo desrespeitado Deus e usado o nome Dele em vão?

— Sim — eu suspirava.

Dentro de mim eu via o encanto horrorizado das meninas e sentia o calor reconfortante da soberba que eu havia demonstrado na festa, onde, rodeado por amigos, dissera todas as palavras proibidas — que ainda ecoavam dentro de mim quando meu pai tomou uma das varas nas mãos e começou a bater. "Maldito Deus de mijo, maldito Deus de bosta, maldita filha da puta que ficou de mexericos... malditos, malditos, malditos..."

Ao contrário de minha mãe, meu pai não tinha passado o dia inteiro se preparando para aquilo. Ele começava devagar, e a princípio dava a impressão de que apenas muito a contragosto dispunha-se a aplicar aquele "castigo físico", como Pagels o chamava.

Eu não via o rosto dele, ele não via o meu. Mas eu ouvia pela respiração que uma coisa se transformava quando ele por fim cruzava o limiar da violência.

Eu imaginava que ele sentia vergonha de me fazer tanto mal. Que a vergonha se transformava em uma raiva que o levava a bater mais forte do que pretendia. Mas talvez fosse a minha própria vergonha o que eu percebia nas ações dele.

Com certeza eu sabia apenas que as pessoas eram tomadas por uma espécie de loucura ao praticar violência. A violência as levava consigo, transformava-as e as tornava — mesmo depois, quando tudo acabava — irreconhecíveis.

21

I palmernas skugga, o livro que salvei da destruição, foi escrito pelo missionário Edvard Vilhelm Sjöblom. Ele chegou ao Congo em 31 de julho de 1892. No dia 20 de agosto, viu o primeiro cadáver.

No diário podemos acompanhá-lo enquanto viaja pelo Congo no navio a vapor para escolher um lugar adequado e instalar a missão. Já no primeiro dia a bordo ele testemunha um dos açoitamentos com chicote de hipopótamo que o tenente Pagels havia recomendado com tanto entusiasmo. Todos os brancos a bordo têm a mesma opinião: "somente o chicote pode civilizar o negro".

Numa missão católica existem trezentos rapazes capturados como prisioneiros na guerra entre o Estado e os nativos. Naquele momento, todos vão ser entregues ao Estado para que recebam o treinamento necessário e se tornem soldados.

O vapor sofre um atraso enquanto um dos rapazes é capturado. Ele é amarrado perto do motor, onde o calor é mais intenso. Sjöblom escreve:

> O capitão mostrou o chicote diversas vezes para o rapaz, mas fez com que esperasse o dia inteiro antes que enfim o provasse.
> Por fim chegou a hora do castigo. Tentei contar as vergastadas e acho que foram cerca de sessenta, sem contar os chutes na cabeça e nas costas. O capitão tinha um sorriso de satisfação no rosto quando viu as roupas finas mancharem-se de sangue. O rapaz agonizava estirado no chão, retorcendo-se como um verme, e toda

vez que o capitão ou um dos agentes comerciais passava, ele levava um ou mais chutes [...]. Tive de assistir a tudo calado.

À mesa do jantar, os homens falavam sobre as próprias façanhas no que diz respeito ao trato com os negros. Mencionaram um dos colegas que vergastou três de seus homens com tanta brutalidade que todos morreram em consequência. Esse relato foi tratado como um feito heroico. Um dos homens disse:

— Nem o melhor deles é bom o suficiente para morrer como um porco.

22

Minha vó nunca recebeu esse livro de volta. Eu o mantive onde estava, bem escondido no canto das brochuras.

23

Como Pagels teria reagido se tivesse voltado e assistido à cena que Sjöblom descreve?

Talvez a resposta se encontre no diário de Edward James Glave. Nesse caso não é um missionário sentimental quem fala. A princípio, Glave demonstra compreender que os nativos precisam ser tratados "com total severidade" e que os vilarejos devem ser atacados "caso não aceitem trabalhar para o bem da terra".

"Não é nenhum crime, mas bondade, obrigá-los a trabalhar [...]. Os métodos empregados são duros, mas o convencimento não basta para lidar com o nativo; é preciso governá-lo pela violência."

Esse é o ponto de partida de Glave. Ele é um veterano do Congo, um dos primeiros homens a serviço de Henry Morton

Stanley.* Mas, ao voltar para o Congo em 1895, Glave defronta-se com uma brutalidade que o choca. O que por fim o leva a romper com sua lealdade são episódios de tortura bastante similares àqueles testemunhados por Sjöblom.

> O chicote de couro de hipopótamo, especialmente quando novo, torcido como um saca-rolhas e cortante como faca, é uma arma terrível, e o sangue escorre já com poucas chibatadas. Não se deve jamais aplicar mais que vinte e cinco golpes a não ser que o crime seja muito grave.
> Ainda que tentemos convencer-nos de que o africano tem a pele grossa, é preciso uma constituição de ferro para resistir ao terrível castigo de cem chibatadas. Em geral a vítima perde a consciência após vinte e cinco ou trinta golpes. Ao primeiro golpe, solta um grito pavoroso, mas logo se cala e transforma-se em um corpo trêmulo e gemebundo até que a operação termine [...].
> É ruim o bastante quando homens são açoitados, mas pior ainda é o castigo aplicado a mulheres e crianças. Meninos de dez ou doze anos com patrões bravos muitas vezes recebem tratamento brutal [...]. Vi dois meninos cheios de cortes profundos em Kasongo [...].
> Acredito que quem recebe cem chibatadas muitas vezes chega perto da morte e vê-se destruído pelo resto da vida.

24

Esse foi o ponto de inflexão, tanto para Glave como para Sjöblom. Depois dessa observação, Glave torna-se cada vez mais antirregime.

---

* Henry Morton Stanley foi um jornalista britânico enviado como correspondente do jornal *Herald* para encontrar o missionário David Livingstone. Passou anos na África em diversas expedições, e teve como última tarefa ajudar a salvar Emin Paxá, governador da Equatória, região do sul sudanês.

No começo de março de 1895 ele chega à estação Equador, onde Sjöblom trabalha como missionário. O próprio Glave também estava presente quando a estação foi inaugurada. Ele escreve:

> Antigamente os nativos eram bem tratados, mas agora expedições foram lançadas em todas as direções para obrigá-los a fazer borracha e trazê-la para as estações. O Estado adota essa política odiosa a fim de obter lucro.
> Milhares de pessoas foram mortas ou tiveram as casas destruídas. Essas coisas não eram necessárias quando nós brancos não estávamos no poder. Hoje o comércio forçado despopula o país.

Assim como Sjöblom, Glave faz uma viagem com um navio carregado de meninos capturados para serem criados pelo Estado:

> Saí de Equador hoje às onze horas após ter carregado o barco com cem pequenos escravos, principalmente meninos de sete a oito anos, mas também umas poucas meninas — todos roubados dos nativos.
> As pessoas falam em filantropia e civilização! Onde estão? Realmente não sei.
> Dos escravos ditos *libérés* que são levados pelo rio, muitos morrem por falta de roupas, sono ou cuidados. As cem crianças estão em boa parte totalmente nuas, sem nenhuma proteção contra o frio da noite. O crime delas foi ter pais e mães que lutaram por um mínimo de independência.

Mas ao fim da viagem, quando se vê mais uma vez entre os belgas e os compatriotas, Glave sofre a influência do grupo e modera suas críticas. O veredito é modesto:

> Não devemos condenar o jovem Estado Livre do Congo com um julgamento rápido ou severo demais. Os belgas abriram o país,

introduziram certa dose de administração e venceram os árabes no tratamento dos nativos. Porém é verdade que os métodos comerciais precisam mudar.

É o mesmo veredito que o diretor oferece a Kurtz em *Coração das trevas* — os métodos comerciais eram problemáticos e deviam ser abandonados.

25

Graças ao trabalho como missionário, Sjöblom teve contato mais próximo com os nativos do que Glave. Dia após dia ele registra novos exemplos de matanças arbitrárias.

Em 1º de fevereiro de 1895 uma de suas pregações é interrompida quando um soldado agarra um velho e o acusa de não ter recolhido borracha suficiente. Sjöblom pede que o soldado aguarde até que o culto seja encerrado. O soldado, no entanto, simplesmente arrasta o velho cerca de um metro para o lado, apoia o cano da espingarda em sua fronte e dispara.

> Um menino de cerca de nove anos recebeu ordens do soldado para que cortasse a mão direita do morto, que assim, no dia seguinte, juntamente com outras mãos obtidas da mesma forma, seriam levadas e entregues ao comissário como símbolo da vitória da civilização.
>
> Ah, quem dera o mundo civilizado soubesse como centenas, milhares são assassinados, vilarejos inteiros são destruídos, e os nativos sobreviventes arrastam-se pelo resto da existência na escravidão abjeta...

26

Em 1887 o cirurgião escocês John Boyd Dunlop teve a ideia de equipar a bicicleta do filho com uma câmara inflável de borracha. O pneu de bicicleta foi patenteado em 1888. Nos anos seguintes, a demanda por borracha multiplicou-se inúmeras vezes. Essa foi a explicação para o embrutecimento do regime no Congo refletido nos diários de Sjöblom e Glave.

O nobre e filantropo rei Leopoldo II proclamou em 29 de setembro de 1891 um decreto que dava a seus representantes no Congo o monopólio sobre o "comércio" de borracha e marfim. Ao mesmo tempo foi imposta aos nativos uma obrigação de trabalho e fornecimento, o que na prática tornava qualquer tipo de comércio desnecessário.[4]

Os representantes de Leopoldo simplesmente passaram a requerer trabalho, borracha e marfim dos nativos sem nenhum tipo de pagamento. Os que se recusavam a cumprir essa ordem tinham os vilarejos queimados, os filhos assassinados, as mãos decepadas.

De início esses métodos levaram a um aumento dramático na lucratividade. Os lucros auferidos foram usados, entre outras coisas, para construir parte dos repugnantes monumentos que ainda hoje maculam Bruxelas: Arcadas do Cinquentenário, Palácio Real de Laeken, Château d'Ardenne. Hoje, são poucos os que ainda se lembram de quantas mãos decepadas foram necessárias.

Por volta de 1895 o terrível segredo da borracha permanecia desconhecido. Glave poderia ter feito a revelação, porém morreu em Matadi em maio daquele ano. Apenas Sjöblom e seus colegas missionários sabiam o que se passava no Congo e assim podiam opor-se ao terror.

As denúncias feitas a autoridades superiores foram todas em vão. Como último recurso, esses homens apelaram à opinião mundial.

Sjöblom escreveu artigos concretos e pungentes para o *Weckoposten*, jornal dos batistas suecos. Também escreveu artigos em inglês, que foram enviados à Congo Balolo Mission em Londres.

O resultado veio como uma pequena nota quase indiferente no livreto mensal da missão, chamado *Regions Beyond*:

> Entre os nativos, perturbações muito sérias relacionadas ao comércio forçado de borracha levaram a banhos de sangue em vários distritos [...]. Procedimentos judiciais foram abertos em razão das acusações levantadas contra os administradores do Estado Livre da Província de Equador. Mas esses procedimentos não bastam; exigimos que os maus-tratos sejam remediados. A questão passa assim a ser: como remediar o problema sem trazer os fatos ao conhecimento da sociedade?[5]

27

Houve também uma nota para quem sabia ler nas entrelinhas.

Charles Dilke sabia. Ele era ex-secretário de gabinete e membro da diretoria da Aborigines' Protection Society [Sociedade de Proteção aos Aborígines]. Com uma referência explícita à pequena nota publicada na *Regions Beyond*, escreveu um duro artigo sobre a situação do Congo chamado "Civilisation in Africa" [A civilização na África].[6]

O artigo foi o primeiro sinal de que os círculos responsáveis da Grã-Bretanha haviam tomado conhecimento dos relatos feitos pelos missionários. Foi publicado com o objetivo de chegar ao público europeu no recém-lançado periódico *Cosmopolis*. E foi publicado em julho de 1896, o mês em que Conrad escreveu "Um posto avançado do progresso" e mandou-o justamente para o *Cosmopolis*.

"Dez anos se passaram", escreve Dilke, "desde a ratificação do pacto da Conferência de Berlim, que deu origem ao Estado Livre do Congo. As declarações em Bruxelas e Berlim manifestaram-se tal como o roubo de marfim, o incêndio de vilarejos, os açoitamentos e as execuções que hoje ocorrem no coração da África."

Na história de Conrad, as declarações orgulhosas no periódico amarelado também assumem a forma visível de roubo de marfim, comércio escravo e assassinato.

Segundo Dilke, as formas nativas de governo haviam sido desmontadas sem dar origem a uma organização nova. As distâncias na África são tão enormes, o clima e a solidão tão intoleráveis para os europeus, que não se pode esperar coisas boas de uma administração europeia.

No conto de Conrad são justamente as distâncias, o clima e a solidão que destroem os dois europeus. Principalmente a solidão. Segundo Conrad escreve, a situação também envolve uma desistência interior — o desaparecimento de uma coisa que antes "impedia [aquela] terra de penetrar em seus corações".

Como? Sim, "As imagens de casa, de pessoas como eles próprios, de pessoas que pensavam e sentiam como antes eles também pensavam e sentiam, essas imagens tornavam-se esfumaçadas e desapareciam".

A solidão apaga a sociedade do interior daqueles homens. Restam apenas o medo, a desconfiança, a violência.

A cobrança de impostos na África é incapaz de sustentar uma administração com a mesma qualidade daquela na Índia, segundo Dilke. Mesmo governos democráticos por vezes precisam entregar responsabilidades a aventureiros. Pior ainda é quando a Companhia do Níger e o Estado Livre do Congo passam a governar populações em um território enorme sem estarem sujeitos ao escrutínio da opinião geral.

Os desgarrados de Conrad obtêm marfim pelo comércio escravo. "Quem vai falar se ficarmos em silêncio? Não há ninguém aqui."

Não, eram somente os dois, afirma o narrador. Ninguém os via. "Entregue à própria fraqueza", uma pessoa é capaz de fazer qualquer coisa.

O artigo de Dilke é um lembrete daquilo que pessoas nessa situação podem fazer. Há referências ao extermínio dos indígenas nos Estados Unidos, dos hotentotes na África do Sul, dos islenhos nos mares do Sul e dos aborígines da Austrália. Um extermínio similar estava naquele momento em curso no Estado Livre do Congo.

Esse motivo também se encontra na história de Conrad. É Carlier quem fala sobre a necessidade de "exterminar todos os pretos" para enfim tornar o lugar habitável.

O artigo de Dilke é um rascunho da novela de Conrad, que por sua vez é um rascunho de *Coração das trevas*, escrito dois anos mais tarde.

E o *"exterminate all the niggers"* é o primeiro rascunho do *"exterminate all the brutes"* de Kurtz.

28

Em maio de 1897, Sjöblom viajou a Londres e, mesmo abatido pela doença, compareceu a um encontro organizado pela Aborigines' Protection Society. Dilke ocupava o cargo de presidente da organização.

Dono de profunda seriedade e de uma maneira factual, detalhada e levemente pedante de falar, Sjöblom impressionou a todos com seu poder de convencimento. O testemunho que ofereceu dos assassinatos em massa perpetrados no Congo recebeu ampla publicidade.

O debate que se iniciou na imprensa obrigou o próprio rei Leopoldo II a se envolver. Em junho e julho de 1897 ele viajou a Londres e a Estocolmo para convencer pessoalmente a rainha Vitória e o rei Oscar II de que as acusações feitas por Sjöblom eram infundadas.

Com a visita de Leopoldo, os principais jornais suecos publicaram longos artigos críticos sobre o Congo. Mas em Londres ele teve mais sucesso. Os preparativos para o jubileu estavam a todo vapor — a rainha Vitória estava ocupada com assuntos mais importantes que cestos cheios de mãos decepadas no Congo.

As grandes potências mostraram-se pouco dispostas a examinar de perto o genocídio promovido por Leopoldo. Afinal, tinham segredos próprios a guardar. A Grã-Bretanha envolveu-se apenas dez anos mais tarde, quando um movimento organizado com o nome de The Congo Reform Movement [Movimento de Reforma do Congo] criou um ambiente político em que era impossível para o governo manter a passividade.

Foi de pouca ajuda a publicação do diário de Glave em todo o seu horror na edição de setembro de 1897 da *The Century Magazine*. E foi de pouca ajuda que Sjöblom tenha retomado o assunto em novos artigos. O debate sobre o Congo tinha sido esquecido na primavera de 1897. O jubileu o apagara.

Em 1898 o Congo recebeu publicidade quase exclusivamente positiva, acima de tudo por ocasião da abertura da ferrovia Matadi-Leopoldville, que foi objeto de longas reportagens nos periódicos ilustrados. Não foi dita uma única palavra sobre todas as vidas que a ferrovia tinha custado.

29

Isto é, pelo menos não antes do encontro anual da Royal Statistical Society [Real Sociedade Estatística], ocorrido em 13 de dezembro de 1898. No evento, o presidente da organização, Leonard Courtney, discorreu sobre o tema "An Experiment in Commercial Expansion" [Um experimento de expansão comercial].[7]

Uma pessoa natural, Leopoldo II, fora elevada pelas grandes potências ao cargo de regente de uma população de 11 a 28 milhões de nativos em uma região do tamanho da Europa — esse era o experimento.

Apoiado em uma série de fontes belgas, Courtney descreveu como a administração e a exploração comercial no Congo haviam crescido juntas. Com a ajuda do diário de Glave, relatou a violência gerada por aquele sistema.

Eis o que Glave escreveu a partir de Stanley Falls (que em *Coração das trevas* recebe o nome de "Estação interior"):

> Os árabes a serviço do Estado são obrigados a entregar marfim e borracha, e têm permissão para usar todos os meios que pareçam necessários para atingir esse resultado. Os meios empregados são os mesmos da época de Tippu Tib. Eles atacam os vilarejos, capturam escravos e não os devolvem enquanto não obtiverem marfim. O Estado não acabou com a escravidão, mas criou um monopólio ao afastar concorrentes árabes.
>
> Os soldados do Estado roubam o tempo inteiro e às vezes os nativos são tão perseguidos que reagem e acabam matando e comendo aqueles que os atormentam. Pouco tempo atrás o posto em Lomani perdeu dois homens que foram mortos e comidos pelos nativos. Árabes foram enviados para castigar os nativos, mulheres e crianças foram feitas prisioneiras e *21 cabeças foram levadas às cachoeiras. O capitão Rom usa-as como decoração ao redor dos canteiros de flores na frente de casa.*

Foi assim que Courtney apresentou o testemunho de Glave nas páginas do *Saturday Review*:

Os belgas substituíram a escravidão por um sistema de trabalho forçado igualmente repreensível. Certos belgas são capazes de atos bárbaros, e os ingleses lamentavelmente sabem disso. *O sr. Courtney menciona um certo capitão Rom, que enfeitou canteiros de flores com as cabeças de 21 nativos mortos durante uma expedição punitiva.* Essa é a ideia dos belgas com relação à melhor forma de promover a civilização no Congo.

Pode ser que Conrad já tivesse lido o diário de Glave no momento da publicação, em 1897. Nesse caso, essa nota teria funcionado como um lembrete.

Também pode ser que esse tenha sido o primeiro encontro com o diário de Glave. Não sabemos. O certo é que, naquele sábado de 17 de dezembro de 1898, ele pôde ler no seu periódico favorito sobre a forma como o capitão Rom havia decorado o jardim de casa.

E, no domingo, 18 de dezembro, Conrad começou a escrever *Coração das trevas,* a história em que Marlow aponta o binóculo em direção à casa de Kurtz e tem uma visão dessas cabeças — negras, secas, encovadas, de olhos fechados, resultado do lema do proprietário: exterminem todos os malditos.

Rumo a Ksar Mrabtine

30

In Salah na verdade se chama Aïn Salah, que significa "a fonte salgada". Ou, mais precisamente, "o olho salgado" — a fonte é o olho do deserto.

Mesmo hoje, quando retirada de grandes profundidades, a água tem gosto de sal e aspecto turvo, e contém em média 2,5 g de sal por litro. Às vezes a concentração é tão alta que mal se consegue ver através do líquido.

A média de precipitação é de 14 mm por ano. Mas só chove a cada cinco ou dez anos. As tempestades de areia são bem mais comuns, em especial na primavera. Em média, são 55 por ano.

Os verões são quentes. Chega a fazer 56 graus na sombra. Os invernos são marcados acima de tudo pela diferença extrema de temperatura entre o sol e a sombra. Uma pedra na sombra é demasiado fria para sentar, e uma pedra ao sol é demasiado quente.

A luz corta como uma faca. Tomo fôlego e protejo o rosto com a mão enquanto ando de uma sombra a outra.

Os momentos bonitos são a hora antes e a hora depois do pôr do sol. O sol por fim para de machucar os olhos e, com um calor agradável, permanece no corpo, nas coisas, no ar.

31

In Salah é um dos raros exemplos africanos da cultura *foggara*.

A palavra *foggara* supostamente tem relação com "cavar" e "pobre". Descreve o mesmo tipo de aqueduto subterrâneo que os persas chamam de *canates*. Segundo os historiadores árabes, um homem chamado Malik El Mensour teria introduzido as *foggaras* no Norte da África no século 11. Os descendentes dele moram em El Mansour, em Touat, e atendem pelo nome de Barmaka. São especialistas na construção de *foggaras*.

As *foggaras* do Saara com frequência têm de três a dez quilômetros de extensão. No total, são mais de 3 mil quilômetros de *foggaras* no Saara. Não seria difícil caminhar de pé nessas galerias, que por vezes chegavam a ter entre oito e dez metros de altura. Os poços alcançavam quarenta metros de profundidade. O trabalho era sempre feito por escravos. Toda vez que era abolida, a escravidão continuava a viver nesses túneis sob um nome diferente.

O trabalho nas *foggaras* é como o trabalho de mineração, com a diferença de que o veio de minério é um veio d'água. O instrumento de trabalho é uma picareta de cabo curto. O fosso na superfície do solo é um quadrado com um metro de lado. Quando se chega à camada de arenito, o fosso passa a ter apenas sessenta centímetros de lado, o mínimo necessário para manusear a picareta.

Os rejeitos são erguidos por um ajudante e acumulados ao redor do buraco na superfície, de maneira que no alto a *foggara* se parece com uma série de tocas de toupeira.

Quando o poço chega ao aquífero de arenito começa o trabalho no túnel. No túnel escuro é fácil para o escavador perder o senso de direção. É nesse momento que sua arte é posta à prova.

Na superfície, a impressão que se tem é de que as *foggaras* seguem em linha reta. Mas no subterrâneo as passagens são sinuosas. Ao se cavar um túnel, é preciso encontrar o outro túnel cavado por outro escavador no fosso seguinte. E também é importante manter a inclinação no nível exato, suficiente para manter a água correndo, mas sem vencer prematuramente a diferença de nível, que precisa se manter por toda a extensão da *foggara*.

Quando os franceses conquistaram In Salah — na noite de Ano-Novo que marcou a passagem do século 19 para o século 20 — as *foggaras* já haviam começado a secar. Depois foram substituídas por poços. Mesmo assim, a irrigação ocorre à noite, para diminuir a evaporação. Cada usuário de água tem uma estrela que, ao despontar no céu, indica que é a sua vez de pegar água.

Os que esperam pela sua estrela passam a noite ao lado do poço. Eles são chamados de filhos das estrelas.[1]

32

Uma das quatro divisões de In Salah chama-se Ksar Mrabtine. Não há muita coisa para ver — terrenos, casas, o céu, tudo com a mesma cor de areia. Somente os cemitérios com marabutos caiados reluzem de maneira sugestiva em meio ao tom monocromático de areia. A morte é a única coisa festiva na vida.

Fileiras de crianças sentam em cima de pedras com lousas no colo e recitam versos do Alcorão. Um homem passa chutando uma tigela vazia e as crianças olham para trás. Outro homem adormeceu na areia: está deitado e dorme ao sol com os braços abertos, e não parece ouvir nem mesmo os baques da tigela chutada.

A academia é uma sala enorme com pé-direito muito alto. Bem no fundo há um vestiário escuro e uma escada em caracol que sobe até a varanda, onde você aquece pulando corda e fazendo barra ou alongamentos enquanto observa a sala.

Tudo é familiar, porém meio primitivo. Os espelhos são pequenos e poucos. Os bancos são de madeira, sem nenhum tipo de ajuste. Os aparelhos não usam cabos de aço, mas cordas, que para aguentar a carga precisam ser tão rústicas que no percurso da volta a fricção não deixa nenhum trabalho para os músculos. No mais, tudo é como de costume — o cheiro de corpos suados, os estalos de metal, os gritos e os gemidos.

Desço à sala principal e tenho a sorte de na mesma hora me deparar com uma barra disponível, uma pequena barra preta com discos brancos soltos. Não há nada para deixá-los presos, então preciso tomar cuidado para manter o equilíbrio.

Faço três séries de dez atrás da cabeça, três séries de dez com as mãos juntas e três séries de dez para o bíceps. Depois largo a barra e pego uns halteres que acabaram de ser liberados. Paro e espero um pouco com um halter em cada mão e olho ao redor à procura de um banco livre. Um homem se oferece para "alternar" comigo no banco dele e fazemos cada um três séries de dez abdominais borboleta cada um, embora os halteres dele sejam duas vezes mais pesados.

Os canos de aço do suporte formam uma pequena cesta acima do meu rosto quando me deito no banco e levanto os pesos. Um menino de dez anos coloca pesos numa barra. Eu o ajudo e depois alternamos nossas séries, ele faz três de dez, eu três de vinte. Depois ele se dá por satisfeito.

Um árabe alto com uma cicatriz branca na bochecha sugere que dobremos a carga. Agora sou eu que faço três séries de dez, ele três de vinte. Depois ele dobra o peso outra vez, mas eu me dou por satisfeito.

E assim por diante. Um dos aparelhos tem cordas um pouco mais finas que exercitam os músculos nos dois sentidos. Lá, faço três séries de quinze atrás da cabeça. Não há máquina de remo. As máquinas de perna parecem estar mal-ajambradas e oferecer risco, então as deixo de lado. Ainda há muita coisa a fazer.

Os sonhos e visões que eu tinha quando comecei a treinar hoje em dia são raros. Eu sonho na cama, não na academia. Porém meus pensamentos tornam-se mais claros. Talvez não surja nada de novo. Mas aquilo que eu já sei chega mais perto.

33

— Seven!

Exausto, acomodo-me em um dos bancos em frente ao Chez Brahim e tomo um gole de chá de hortelã recém-preparado.

O treino amolece a superfície dura da consciência e abre os poros do eu, e quando tudo acaba é muito bom sentar aqui e ficar observando os passantes.

— Seven! Seven!

In Salah tem 25 mil habitantes, quase todos negros. Já vi alguns deles tantas vezes que passamos a nos cumprimentar com um aceno de cabeça. Mesmo assim me surpreendo ao perceber que "Seven" devo ser eu.

O nome me tira da anonimidade como se me tirasse de um sonho. Olho desconfiado ao redor — e descubro o alegre turinês que conheci em Argel, que por razões de trabalho percorre o trajeto Turim-Camarões diversas vezes por ano, para quem o Saara é pouco mais que um inconveniente de trânsito.

Ele acaba de besuntar a frente do Mercedes com vaselina e quer que eu o ajude a aplicar um líquido transparente em seu olho voltado para cima — essas medidas têm por objetivo proteger superfícies sensíveis contra a abrasão causada pela areia. Já na manhã seguinte ele parte rumo ao sul para dirigir enquanto houver luz e então dormir no carro.

— Posso ir junto?

— Não — ele diz. — O seu processador de texto e a sua mala são grandes demais. Para ir a Tamanrasset de carro, você precisa estar leve.

Na verdade, essa resposta me agrada. Meu trabalho na *foggara* do disco rígido parece naquele instante mais atraente do que continuar a jornada geográfica.

Até esse ponto mostrei que *"exterminate all the brutes"* relaciona-se com o debate interrompido sobre o Congo nos anos de 1896 e 1897, e em especial com as contribuições de Glave e Dilke para esse debate.

Mas a frase também tem outra história. Em dezembro de 1898, enquanto escrevia a respeito do capitão desempregado Marlow, que sai à procura de um emprego como comandante de navio comercial na África, Joseph Conrad resgatava memórias de 1889, quando ele próprio, o capitão Józef Konrad Korzeniowski, aos 31 anos, candidatou-se a uma vaga de capitão de navio comercial no rio Congo.

Minha hipótese é que, para entender *Coração das trevas*, é necessário fazer essa relação entre dezembro de 1889 e dezembro de 1898.

E assim passo a manhã seguinte ao lado do computador, com uma toalha felpuda estendida no assento da cadeira, vestido apenas com uma fina camisa chinesa e um par de cuecas chinesas, pronto para levar o trabalho adiante.

Parte II

Os deuses das armas

"With the might as of a deity"*

34

O grande acontecimento mundial em 1889 foi o retorno de Stanley após uma expedição de três anos ao coração da África. Stanley tinha salvado Emin Paxá dos dervixes.[1]

"Dervixes" era o nome de um movimento islâmico que fez uma resistência ferrenha aos ingleses no Sudão. Os madistas, como também se chamavam, tomaram Cartum em janeiro de 1885. O resgate chegou dois dias depois, quando já era tarde demais para salvar o general Gordon.** Essa foi a derrota mais vergonhosa que o Império Britânico sofreu na África.

Mas no fim de 1886 um mensageiro chegou a Zanzibar com notícias de que um dos governadores das províncias de Gordon, Emin Paxá, ainda resistia no interior do Sudão e pedia ajuda.

O governo hesitou, porém grandes companhias usaram as agruras de Emin como pretexto para lançar uma expedição

---

* No original, em inglês: "Com o poder de uma divindade".

** Charles George Gordon, oficial britânico, administrador e governador-geral do Sudão, enviado para mediar o conflito e garantir a evacuação dos soldados madistas.

cujo principal objetivo era transformar a província em uma colônia britânica governada por companhias.

Stanley foi instado a assumir o comando. O homem que havia salvado Livingstone ainda teria a chance de coroar a carreira com uma reprise da bravata. "Dr. Emin, I presume?" [Dr. Emin, imagino?]

35

Mas, assim como Huckleberry Finn ao salvar Jim (em um livro que aparecia pela primeira vez nas livrarias), Stanley achava simples demais pegar o caminho direto até Emin e fornecer-lhe as armas e as munições que havia pedido.

Em vez disso, lançou a expedição a partir de Zanzibar e deu a volta em toda a África, até chegar à foz do Congo e deixar as cachoeiras vaporosas para trás para então avançar pelo trecho navegável do rio. Lá, Stanley esperava receber a ajuda dos navios do rei Leopoldo, e os carregadores do comerciante de escravos Tippu Tip poderiam transportar centenas de toneladas de material bélico do Congo para o Sudão via Ituri, a temida "floresta da morte", onde nenhum branco havia colocado os pés.

Mas, claro, não havia barcos. E não havia carregadores. Stanley foi obrigado a deixar grande parte da expedição no Congo para avançar depressa com uma tropa de vanguarda.

Stanley era um homem atarracado, simples, musculoso como um varredor de rua e cheio de cicatrizes deixadas pelos anos e pela experiência. Como segundo em comando, escolheu um jovem aristocrata, o major Barttelot, liso como seda e elegante como uma valsa — porém sem nenhuma experiência na África. Por quê?

Stanley detestava a classe alta britânica e estava de saco cheio dela. Além disso, talvez nutrisse a esperança de ver um sujeito desses ser vencido pela floresta, perder as boas maneiras, perder a segurança oferecida pela condição social vantajosa, perder o controle — para assim ganhar ainda mais destaque como homem e líder.

E, conforme o esperado, Barttelot foi vencido. Nomeado chefe da força principal, em vão tentou manter a disciplina com açoitamentos terríveis e diários. O racismo de Barttelot floresceu e ele tornou-se cada vez mais isolado e odiado, até que por fim foi morto.

36

Nesse meio-tempo, Stanley luta no calor opressivo. A umidade escorre das árvores, o suor encharca as roupas. A fome atormenta os homens, a diarreia os aflige, as feridas infeccionam, os ratos roem os pés daqueles que dormem.

Os habitantes da floresta têm medo. Recusam-se a fazer comércio e a fornecer guias. Stanley não dispõe de tempo e recorre à violência. Para obter comida para a expedição, mata pessoas desarmadas a caminho do mercado. Atira em crianças para tomar-lhes pequenas canoas.

Talvez fossem necessárias para seguir em frente. Mas seria mesmo necessário seguir em frente? Todos o haviam desaconselhado a tomar aquele caminho. Fora apenas a sede de glória que o levara a tentar o impossível. O que por sua vez exigira assassinatos — assassinatos para obter dois ou três ovos de crocodilo e uns cachos de banana.

Shackleton, o explorador do polo Sul, reconheceu o momento de voltar. Em vez de sacrificar vidas, engoliu o orgulho e voltou atrás. Stanley continua sempre em frente, deixando pilhas de cadáveres por onde passa.

Entre as cenas mais terríveis está aquela em que Stanley enforca um jovem carregador por "deserção". Os carregadores tinham sido reunidos para marchar sobre as savanas áridas no leste da África. Stanley os havia levado às profundezas da floresta tropical, onde metade dos homens já havia morrido. "Ele é apenas um menino faminto que está longe de casa", os outros imploraram. Mas Stanley mostrou-se impassível: "Se dermos o menor sinal de fraqueza agora, esses demônios vão perder a cabeça e vir com tudo para cima de nós".

Pode ser que Stanley tivesse razão. Mas fora ele próprio o responsável por criar aquela situação em que o assassinato havia passado a ser a única saída possível.

Esfarrapados, famintos, malcheirosos e atormentados, os sobreviventes chegaram trôpegos às margens do lago Alberto.

Lá, Emin recebe-os com o vapor. Ele traja uma farda branca de gala. Está saudável, tranquilo, descansado. Oferece fazendas, cobertores, sabão, tabaco e provisões para os salvadores. Quem afinal salva quem?

37

Por cinco anos os madistas haviam deixado a província de Emin em paz. Mas o rumor da expedição de Stanley leva-os a partir para o ataque. Stanley retorna ao Congo para buscar a força principal. Os madistas imediatamente conquistam toda a província, a não ser pela capital, onde os homens de Emin se amotinam.

Logo a única esperança é que Stanley volte o quanto antes para impedir a catástrofe que ele mesmo havia precipitado. Dia a dia, todos esperam que a força principal chegue trazendo metralhadoras, rifles e munição.

Em vez disso, mais uma vez Stanley chega na frente, liderando um pequeno exército de esqueletos trêmulos de febre. As armas e as munições foram perdidas, e os homens mal se encontram em condições de defender a si mesmos, o que os torna totalmente incapazes de enfrentar 10 mil dervixes ensandecidos.

Mesmo assim, Emin quer permanecer lá. Ele pede a Stanley que o deixe retornar à província na tentativa de defendê-la.

Mas Stanley não tem como permitir. Nesse caso, seu próprio fracasso acabaria por tornar-se evidente. Afinal, ele não tinha conseguido oferecer a Emin nada daquilo que pretendia. Pelo contrário: tinha apenas piorado a situação.

Mas, ao levar Emin consigo para a costa, ainda que obrigado, Stanley pretendia decidir que notícia seria telegrafada para o mundo. "Emin a salvo!" Emin era o troféu capaz de transformar a derrota de Stanley em uma vitória midiática.

O plano deu certo. Esse foi o único sucesso real de Stanley em toda a expedição: fazer com que o público celebrasse.

No momento do triunfo, ninguém se mostrou interessado em examinar os detalhes. Mais uma vez, Stanley tinha feito o impossível! Esse tornou-se um fato estabelecido na consciência do público. E assim a vitória passou a ser uma realidade, pelo menos naquele instante — a despeito do preço, a despeito do que realmente tinha acontecido.

38

Quando o capitão naval desempregado Korzeniowski, que conhecemos pelo nome de Conrad, chegou a Bruxelas em 1889 para ser entrevistado por Albert Thys, diretor da Société Belge du Haut-Congo [Sociedade Belga do Alto Congo], o nome de Stanley havia se tornado uma febre. As pessoas sabiam que ele estava a caminho da costa, embora ainda não houvesse chegado.

Quando, no dia 4 de dezembro, Stanley fez uma entrada triunfal em Bagamoyo na companhia de Emin, Conrad estava de volta a Londres. Por semanas a fio a imprensa vibrou e exaltou aquele grande herói da civilização.

Em janeiro de 1890, Stanley chegou ao Cairo, onde começou a escrever a história da expedição da maneira como a entendia. Conrad fez a primeira viagem à Polônia nos últimos dezesseis anos e passou dois meses em sua amada Kazimierówka.

Durante esse tempo, Stanley terminou de escrever *In Darkest Africa* [Na mais escura África] e voltou à Europa.

No dia 20 de abril ele chegou a Bruxelas, onde foi ovacionado. No banquete de boas-vindas oferecido pelo rei Leopoldo, os quatro cantos do salão estavam decorados com pirâmides de flores, de onde saíam as presas de quatrocentos elefantes. As festividades duraram cinco dias.

Nesse meio-tempo Conrad estava voltando da Polônia. Ele chegou a Bruxelas no dia 29, enquanto os festejos em homenagem a Stanley ainda estavam na boca de todos. Encontrou Albert Thys, conseguiu um emprego e recebeu ordens para dirigir-se de imediato ao Congo. Logo foi a Londres, onde se ocupou com os preparativos da viagem ao Congo enquanto as celebrações em homenagem a Stanley atingiam o ponto culminante.

Stanley havia chegado a Dover em 26 de abril. Foi levado em um trem especial a Londres, onde uma enorme multidão o esperava. No dia 3 de maio ele fez um discurso no St. James's Hall para 10 mil pessoas, entre as quais se encontrava a família real. Foi agraciado com o título de doutor honoris causa em Oxford e em Cambridge. Depois vieram as celebrações locais, espalhadas por todo o país.

Para Conrad não houve tempo de vivenciá-las. No dia 6 de maio, quando Stanley foi recebido pela rainha Vitória, Conrad retornou a Bruxelas, e no dia 10 de maio embarcou em um navio com destino à África.

O nobre Emin Paxá, da maneira como estava enquanto todos aguardavam o seu resgate. *Illustrated London News*, 30 de novembro de 1889

39

Que África? A própria situação fornece a resposta. Conrad estava a caminho da África de Stanley.

Stanley era dezesseis anos mais velho que Conrad. Assim como Conrad, tinha crescido sem mãe. Assim como Conrad, tinha sido adotado por uma figura paterna bem-intencionada. Conrad tinha catorze anos quando Stanley resgatou Livingstone e foi alçado à fama mundial. Aos quinze anos, Conrad lançou-se ao mar, exatamente como Stanley havia feito. E, assim como Stanley, Conrad trocou de nome, de pátria e de identidade.

E naquele momento, com as celebrações ainda a ecoar nos ouvidos, ele estava a caminho do Congo de Stanley — sem ter a menor ideia da realidade sombria que a lenda ocultava.

40

No dia 28 de junho de 1890 (no mesmo dia em que Conrad deixou Matadi, na foz do rio Congo, para seguir a pé rumo a Stanleyville) foi publicado o livro de Stanley, *In Darkest Africa*.

O livro foi recebido com grande interesse e vendeu 150 mil exemplares. Mas o resultado não veio apenas sob a forma de atenção e lisonjas.

O irmão mais velho de Barttelot publicou os diários dele e defendeu-o contra Stanley. Durante o outono, todos os europeus que haviam feito parte da expedição publicaram versões próprias daquilo que tinha acontecido. Em novembro e em dezembro de 1890, enquanto Conrad estava muito doente em um vilarejo africano, os jornais ingleses começaram a publicar com frequência praticamente diária artigos a favor e contra Stanley.

Durante os oito meses que passou na África, Conrad descobriu que a realidade apresentava diferenças terríveis em relação às frases encomiásticas que ele tinha ouvido antes de partir. Quando, ainda doente, ele voltou a Londres no Ano-Novo de 1891, até mesmo a opinião popular inglesa havia começado a mudar.

A discussão continuou por todo o ano de 1891. O relato mais chocante foi a crítica feita por Fox Bourne em *The Other Side of the Emin Pascha Expedition* [O outro lado da expedição de Emin Paxá, 1891]. Quando tudo foi dito, um silêncio constrangedor começou a pairar sobre Stanley e a expedição que havia liderado.

41

O maior silêncio era aquele que pairava sobre Emin.

Na África, Stanley havia descoberto, para seu desespero, que o homem por quem havia sacrificado tantas vidas não era um paxá nobre, mas apenas um judeu teimoso da Silésia.

Stanley o convenceu a segui-lo, mas não foi capaz de convencê-lo a se apresentar em público. Durante a viagem de volta, Emin protestou mantendo silêncio total. No banquete de boas-vindas em Bagamoyo, ele sumiu da mesa enquanto ninguém observava e, mais tarde, foi encontrado no calçamento da rua com uma fratura no crânio. Levaram-no ao hospital enquanto o desfile triunfal de Stanley avançava.

Em abril de 1890, enquanto Stanley era ovacionado como o salvador de Emin em Bruxelas e Londres, o próprio Emin estava no hospital em Bagamoyo. Certa noite ele saiu de fininho e, meio cego e meio surdo, pôs-se a fazer o caminho de volta rumo à "sua" província.

Em outubro de 1892 a febre de Stanley na Europa havia chegado ao fim. E a essa altura Emin também já estava em casa. Os dervixes o encontraram e cortaram-lhe o pescoço.

Anos antes, o "resgate" de Emin havia despertado um interesse histórico por toda a Europa. Agora, ninguém prestou atenção à sua morte.

42

Seis anos depois, em outubro de 1898, George Schweizer publicou *Emin Pascha, His Life and Work, Compiled from his Journals, Letters, Scientific Notes and from Official Documents* [Vida e obra de Emin Paxá, compilada a partir de diários, correspondências, anotações científicas e documentos oficiais]. Pela primeira vez surge uma obra que conta a história de Emin a partir de sua perspectiva pessoal.

O livro recebeu bastante publicidade, e várias resenhas foram publicadas nos meses de outubro e novembro. Em dezembro Conrad pôs-se a escrever *Coração das trevas*.

Assim como Stanley havia subido o rio Congo para salvar Emin, na história de Conrad é Marlow que sobe o Congo para salvar Kurtz.

Mas Kurtz não quer que o salvem. Ele desaparece em meio à escuridão e tenta retornar ao "seu" povo. Foi o que Emin também fez.

Kurtz não é um retrato de Emin. Pelo contrário: tudo o que há de simpático na história de Conrad está centrado em Marlow, o salvador. O monstro é Kurtz, o homem que ele pretendia salvar, que por sua vez teve a personalidade inspirada em Stanley.

Stanley também tinha uma "prometida", Dolly, que ouviu a mentira que gostaria de ouvir. Assim como todo o mundo branco ouviu as mentiras que exigia. E continua a ouvi-las.

Quando mente para a prometida no fim da história de Conrad, Marlow não apenas faz aquilo que Stanley havia feito —

faz também o que toda a sociedade britânica fazia ao redor de Conrad enquanto ele escrevia essa mesma história. Essas pessoas mentiam.

43

A história ama reprises. No outono de 1898, Stanley retornou pela segunda vez, agora sob o nome de Kitchener.

O general Horatio Herbert Kitchener, chamado de "O Sirdar",* conseguiu fazer o que Stanley tanto almejava — tinha vencido os dervixes e "salvado" o Sudão.

No dia 27 de outubro de 1898, Kitchener chegou a Dover. Como no retorno de Stanley, grandes multidões haviam se reunido para ovacioná-lo. Como Stanley, ele foi levado em um trem especial para Londres e recebido pela rainha Vitória. No almoço de boas-vindas, Kitchener declarou que a vitória sobre os dervixes tinha aberto toda a extensão do vale do Nilo *"to the civilizing influences of commercial enterprise"* [às influências civilizatórias da empresa comercial].

Foi exatamente o que Stanley tinha dito sobre o rio Congo.

As cinco semanas a seguir foram uma vertigem de celebrações. Em Cambridge, onde Stanley havia recebido o título de doutor honoris causa, Kitchener recebeu o seu em 24 de novembro. Intelectuais de oposição foram jogados no rio com roupas e tudo enquanto fogos de artifício eram queimados em honra ao Sirdar. Kitchener seguiu viagem para Edimburgo, onde recebeu o título de doutor honoris causa em 28 de novembro. Depois vieram as celebrações locais, espalhadas por todo o país.[2]

---

* Sirdar, variação de Sardar, era o título dado ao comandante-chefe britânico do Exército egípcio durante a colonização. Ele residia na Sirdaria, mesmo local da inteligência militar britânica. Kitchener foi sirdar de 1850 a 1916.

"O lado negro da campanha sudanesa: a liquidação de dervixes feridos".
The Graphic, 1º de outubro de 1898

"A oportunidade". *The Graphic*, 1º de outubro de 1898

Seria quase impossível fazer uma cópia mais idêntica da trajetória de Stanley. O mesmo periódico que anunciava e resenhava o livro sobre os diários de Emin Paxá — o livro que mostrava como toda aquela vertigem fora vazia na primeira vez —, esse mesmo periódico reproduzia o júbilo da multidão, fazia reverberar os vivas, ecoava as frases vazias.

Ninguém questionou a vitória em Omdurmã. Ninguém se perguntou como era possível que 11 mil sudaneses houvessem tombado enquanto os britânicos perderam apenas 48 homens. Ninguém se perguntou por que poucos ou nenhum dos 16 mil sudaneses feridos sobreviveu.

Mas em Pent Farm, Kent, um escritor polonês exilado de nome Joseph Conrad interrompeu o romance em que trabalhava e começou a história sobre Kurtz e seu *"exterminem todos os malditos"*.

44

Saio ao sol, e quando respiro o ar entra quente pela minha boca, como a comida muitas vezes fazia quando eu era pequeno e estava animado demais para esperar até que parasse de soltar fumaça, e então no mesmo instante comia uma garfada que se tornava insuportável na boca e precisava ser esfriada com um generoso gole de leite gelado.

Onde está agora o leite frio necessário a cada respiração?

45

Na batalha de Omdurmã, as forças sudanesas foram totalmente aniquiladas sem nem ao menos chegar a uma distância de onde pudessem atirar contra o inimigo.

A arte de matar à distância logo se tornou uma especialidade europeia. A corrida armamentista entre os Estados europeus com acesso ao mar no século 17 criou esquadras que também se mostraram úteis para combater alvos estratégicos longe do país natal. Os canhões eram capazes de destruir fortificações até então inexpugnáveis. E mostravam-se ainda mais eficazes contra vilarejos indefesos.

A Europa pré-industrial não tinha muito a oferecer ao mundo. Nosso principal item de exportação era a violência. Na época, o mundo nos via como um povo guerreiro e nômade, como os mongóis e os tártaros. Esses povos exerciam o poder montados a cavalo, e nós fazíamos o mesmo no convés de navios.

Nossos canhões encontraram pouca resistência entre os povos mais civilizados. Os mogóis da Índia não tinham embarcações capazes de resistir ao fogo de uma artilharia ou de transportar peças de grande peso. Em vez de montar uma esquadra própria, decidiram comprar a proteção de estados europeus — que logo assumiram a posição de liderança até então ocupada pelos próprios mogóis na Índia.

Os chineses tinham inventado a pólvora no século 10 e fabricado o primeiro canhão na metade do século 13. Mas sentiam-se tão seguros naquele canto do mundo que a partir da metade do século 16 decidiram abster-se de participar da corrida armamentista naval.

Foi assim que a Europa atrasada e pobre em recursos naturais que existia no século 16 passou a ter o monopólio sobre embarcações armadas capazes de espalhar morte e destruição mesmo a enormes distâncias. Os europeus tornaram-se os deuses dos canhões e passaram a matar antes mesmo que as armas dos inimigos pudessem atingi-los.[3]

Trezentos anos depois esses deuses haviam conquistado um terço do globo terrestre. Esse poderio todo devia-se aos canhões nas embarcações.

46

Mesmo assim, boa parte do mundo habitado permanecia fora do alcance da artilharia naval no início do século 19.

Quando inventou um barco a vapor capaz de subir o rio Hudson, Robert Fulton fez também uma descoberta de grande interesse militar. Logo havia centenas de navios a vapor pelos rios da Europa. No meio do século 19 esses navios começaram a levar canhões europeus para as profundezas da Ásia e da África. E assim teve início uma nova época na história do imperialismo.

E também na história do racismo. Um número muito grande de europeus passou a compreender a superioridade militar como uma superioridade intelectual e até mesmo biológica.

A deusa grega da vingança chamava-se Nêmesis. Essa divindade também era responsável por castigar o orgulho e a soberba. E, numa profunda ironia histórica, esse foi também o nome do primeiro navio a vapor que em 1842 rebocou navios de guerra britânicos pelo rio Amarelo e pelo Grande Canal em direção a Pequim.

Mas logo os vapores deixaram de ser usados como rebocadores de esquadra e passaram a contar com artilharia própria. As canhoneiras tornaram-se um símbolo do imperialismo em todos os grandes rios — o Nilo, o Níger, o Congo — e permitiram que os europeus conquistassem regiões enormes que até então permaneciam inacessíveis.[4]

O navio a vapor foi apresentado como um arauto da luz e da justiça. No livro *Narrative of an Expedition into the Interior of Africa by the River Niger* [Narrativa de uma expedição ao interior da África pelo rio Níger, 1837], Macgregor Laird escreveu que, se o criador da máquina a vapor pudesse a partir do céu observar o sucesso de sua invenção aqui na Terra, dificilmente poderia encontrar aplicação mais louvável do que as centenas de barcos a vapor que levam "a paz e a boa vontade entre os homens aos lugares escuros da terra, hoje tomados pela maldade".

Essa era a retórica oficial. Mas a batalha de Omdurmã mostrou que as canhoneiras tinham igualmente a capacidade de matar de forma confortável e segura, e de aniquilar o inimigo a partir de um lugar tão inalcançável como a morada de um deus.

47

As armas de fogo do Terceiro Mundo eram comparáveis às dos europeus até a metade do século 19. A arma mais comum na época era um mosquete de alma lisa, carregado pelo cano e acionado por uma pederneira, fabricado até mesmo por ferreiros de vilarejo na África.

O mosquete era uma arma assustadora para as pessoas que ouviam seu estampido pela primeira vez. Mas o projétil alcançava uma distância de apenas cem metros. Era necessário pelo menos um minuto para recarregá-lo entre um tiro e outro. Mesmo com tempo seco, três a cada dez tiros falhavam, e na chuva o mosquete simplesmente não funcionava.

Um arqueiro competente era ainda mais rápido, mais confiável e acertava mais longe. A única desvantagem que tinha era a impossibilidade de atravessar blindagens.

Por esses motivos as guerras coloniais na primeira metade do século 19 foram longas e custosas. Mesmo que os franceses tivessem um exército de 100 mil homens na Argélia, o avanço foi muito lento, uma vez que as armas de infantaria usadas por ambos os lados eram parelhas.

Mas, com a introdução da espoleta de percussão, a taxa de falha caiu para apenas cinco a cada mil disparos. A precisão melhorou com o emprego da alma estriada.

Em 1853 os britânicos começaram a substituir os antigos mosquetes por espingardas Enfield, que atingiam alvos a uma distância de até quinhentos metros e atiravam mais depressa, uma vez que o projétil já vinha envolto por cartucho de papel. Os franceses adotaram espingardas similares. Ambos os modelos foram usados primeiro nas colônias.

Porém mesmo essas armas continuavam a ser lentas e de manejo difícil. Soltavam nuvens de fumaça que revelavam a localização do atirador. Os cartuchos de papel absorviam umidade. O soldado precisava estar de pé para fazer a recarga.

A Prússia substituiu as armas carregadas pelo cano por armas carregadas pela culatra. Esses modelos foram testados pela primeira vez em 1866, na Guerra Austro-Prussiana pela hegemonia na Alemanha. Na batalha de Sadowa os prussianos podiam manter-se no chão e fazer sete disparos com rifles Dreyse no mesmo tempo que os austríacos — de pé — levavam para carregar e efetuar um único disparo. O resultado era previsível.

E a partir de então teve início uma corrida armamentista para substituir mosquetes por rifles de carregamento pela culatra. Os britânicos aperfeiçoaram o cartucho de papel e o substituíram por um cartucho de latão, que protegia a pólvora durante o transporte, continha a fumaça quando o disparo era efetuado e atingia distâncias três vezes maiores do que os rifles Dreyse.

Em 1869 os britânicos abandonaram o modelo Enfield e passaram a usar o Martini-Henry — a primeira arma realmente boa da nova geração: rápida, precisa e tolerante a umidade e a solavancos. Os franceses desenvolveram o fuzil Gras. E os prussianos a espingarda Mauser.

Com essas armas, os europeus conquistaram uma posição superior em relação a todos os inimigos imagináveis dos outros continentes. Os deuses das armas conquistaram outro terço do globo terrestre.

48

As novas armas possibilitaram que até mesmo um viajante europeu solitário na África praticasse atrocidades ilimitadas sem o risco de receber nenhum tipo de castigo. Carl Peters, fundador da colônia da África Oriental Alemã, descreve em *Die deutsche Emin Pasha Expedition* [A expedição alemã de Emin Paxá, 1891] a maneira como subjugou o povo wagogo.

O filho do chefe procurou Peters e postou-se "com insolência" em frente à entrada da tenda. "Ante o meu pedido de que fosse embora, ele simplesmente abriu um sorriso largo e manteve-se lá com um ar despreocupado."

Peters ordena então que o homem seja açoitado com o chicote de hipopótamo. Com os urros desse homem, outros guerreiros wagogos chegam correndo e tentam libertá-lo. Peters atira e mata um deles.

Meia hora depois o sultão envia um mensageiro com um pedido de paz.

— O sultão vai ter paz. Mas há de ser a paz eterna! Eu vou mostrar para os wagogos quem são os alemães! Saqueiem as cidades, incendeiem as casas e destruam tudo aquilo que não queima!

As casas não queimam fácil e é preciso destruí-las a golpes de machado. Nesse meio-tempo os wagogos se reúnem para defender as próprias casas. Peters diz a seus homens:

— Vou mostrar-lhes a gentalha com que estamos a lidar. Permaneçam aqui, enquanto eu sozinho hei de abater os wagogos em fuga.

Com essas palavras me aproximei aos gritos e centenas deles correram feito um rebanho de ovelhas.

Não menciono o fato por desejo de apresentar nossa conduta como heroica, mas tão somente para mostrar o tipo de gente que são esses africanos e as ideias fantasiosas que as pessoas na Europa têm em relação à capacidade deles como guerreiros e em relação aos meios necessários para dominá-los.

Às três horas marchei a caminho do sul, rumo a outros vilarejos. Por toda parte a mesma cena repetiu-se! Após uma breve resistência inicial os wagogos empreendiam fuga, incêndios tomavam conta das casas e machados trabalhavam para destruir tudo aquilo que não era devorado pelo fogo. Até as quatro e meia já eram doze vilarejos incendiados [...]. De tanto disparar, o cano da minha espingarda ficou tão quente que eu mal podia segurá-la.[5]

Antes de se afastar dos vilarejos, Peters grita para os wagogos que a partir daquele momento eles o conhecem um pouco melhor. Peters tem a intenção de permanecer lá enquanto houver um wagogo vivo, enquanto houver vilarejos ainda não incendiados e enquanto houver bois a serem roubados.

Nesse momento, o sultão pergunta quais seriam as condições para um acordo de paz.

— Diga para o sultão que não quero saber de paz. Os wagogos são mentirosos e devem ser exterminados. Mas, caso o sultão disponha-se a ser escravo dos alemães, talvez seja concedido a ele e a seu povo o direito de viver.

Ao entardecer o sultão envia-lhe 36 bois e outros presentes. "A partir de então me permiti conceder-lhe um acordo mediante o qual o sultão estaria sob comando alemão."

Com o auxílio das novas armas, as conquistas coloniais passaram a apresentar uma relação de custo-benefício extremamente proveitosa. As despesas limitavam-se basicamente aos cartuchos usados para cometer assassinatos.

Carl Peters foi nomeado comissário do império para as regiões que havia conquistado. Na primavera de 1897, foi julgado e condenado em Berlim (num julgamento escandaloso que recebeu muita atenção inclusive na imprensa britânica) pelo assassinato de uma amante negra. Mas a punição deu-se em razão do relacionamento sexual, não do assassinato. Os incontáveis assassinatos cometidos por Peters durante a conquista da colônia da África Oriental Alemã continuaram a ser encarados como eventos totalmente naturais e jamais foram punidos.

49

Uma nova geração de armas veio logo a seguir: rifles com mecanismos de repetição. Em 1885 o francês Vieille inventou uma pólvora que explodia sem provocar fumaça nem cinzas, o que permitia aos soldados manterem-se invisíveis enquanto atiravam. Entre outras vantagens estavam também a maior capacidade explosiva e a menor sensibilidade à umidade. O calibre dos mosquetes, até então 19 mm, pôde ser reduzido a 8 mm, o que possibilitou um aumento dramático na precisão das armas.

E com a pólvora sem fumaça veio também a metralhadora. Hiram Stevens Maxim fabricou uma arma automática de fácil transporte capaz de fazer onze disparos por segundo. Os britânicos logo trataram de fornecer armas automáticas às tropas coloniais. Essas armas foram usadas contra o Império Axante em 1874 e contra o Egito em 1884.

Ao mesmo tempo, graças ao Processo de Bessemer e a outros novos processos, o aço ficou tão barato que se tornou possível empregá-lo na fabricação de armas em larga escala. Na África e na Ásia, os ferreiros locais não tinham como fazer cópias daquelas novas armas. Não tinham acesso à principal matéria-prima: o aço industrial.

No fim da década de 1890 a revolução das armas havia chegado ao fim. Todos os soldados de infantaria podiam atirar deitados, sem revelar a posição, em qualquer tipo de clima e a uma taxa de quinze disparos por segundo contra alvos a uma distância de até um quilômetro.

Os novos cartuchos eram particularmente bons em climas tropicais. Mas contra os "sclvagens" as balas nem sempre tinham o efeito desejado. Com frequência eles continuavam a atacar, mesmo após receberem quatro ou cinco disparos.

A solução apresentou-se sob a forma da bala dum-dum, batizada em homenagem à fábrica localizada em Dum Dum, nos arredores de Calcutá, e patenteada em 1897. Ao atingir o alvo, o núcleo de chumbo da bala dum-dum expande a camisa do projétil, ocasionando ferimentos grandes, dolorosos e de difícil cicatrização. O uso da bala dum-dum entre Estados "civilizados" foi proibido. Essa munição podia ser usada apenas na caça de animais de grande porte e nas guerras coloniais.

A batalha de Omdurmã, ocorrida em 1898, foi a primeira vez em que todo esse novo arsenal europeu — canhoneiras, armas automáticas, espingardas de repetição e balas dum-dum — foi posto à prova contra um inimigo determinado e em superioridade numérica.

Winston Churchill, um dos mais alegres escritores de guerra de todos os tempos, agraciado com o prêmio Nobel de literatura, na época trabalhava como correspondente para o *The Morning Post*. Ele descreveu a batalha de Omdurmã na autobiografia *My Early Life* [Minha mocidade, 1930].

50

"Jamais o mundo verá cenas como aquelas na batalha de Omdurmã", escreve Churchill. "Esse foi o último elo na longa sequência de batalhas impressionantes cuja vividez e esplendor tanto fizeram para romantizar a guerra."

Graças aos navios a vapor e a uma recém-construída ferrovia, os europeus estavam sempre bem fornidos de provisões, mesmo no deserto:

> Várias garrafas atraentes e grandes pratos com carne de gado em conserva e picles variados. Essa visão agradável que surgiu como em um passe de mágica no campo de batalha imediatamente antes do combate encheu meu coração com uma gratidão que em muito ultrapassou aquilo que sentimos ao fazer uma prece antes da refeição.
> Agarrei-me à carne e à bebida gelada com atenção concentrada. A moral estava alta e todos estavam de bom humor. Parecia um almoço antes dos cavalos.
> "Vai mesmo haver batalha?"
> "Em uma ou duas horas", respondeu um general.

Churchill achou que aquele era um momento excepcionalmente agradável e atacou a refeição decidido. "Claro que haveríamos de vencer. Claro que haveríamos de destruí-los."

Mas não houve batalha naquele dia. Em vez disso, todos se ocuparam com os preparativos do jantar. Uma canhoneira se aproximou, e os oficiais, que vestiam "uniformes brancos reluzentes", jogaram para terra uma garrafa de champanhe. Churchill entrou na água até os joelhos e pegou aquele presente valioso, para então levá-lo triunfalmente até o refeitório.

> Esse tipo de guerra é repleto de uma tensão fascinante. Não se parece em nada com a Grande Guerra. Ninguém considerava a hipótese de ser morto.
> Para a grande massa de homens que participaram das guerras inglesas naquela época tranquila, esse foi mais um emocionante capítulo de um esporte maravilhoso.

"Eles se aproximaram de quatro". A submissão do rei Prempeh.
Illustrated London News, 29 de fevereiro de 1896

"A humilhação final". A submissão do rei Prempeh.
The Graphic, 29 de fevereiro de 1896

51

Infelizmente os britânicos com frequência não conseguiam participar desse esporte maravilhoso. Os oponentes aprenderam depressa que não valia a pena lutar contra armas modernas. E assim desistiam antes que os britânicos tivessem o prazer de arrasá-los.

Lord Garnet Wolseley, que liderou as forças britânicas na primeira guerra contra os axantes entre 1874 e 1876, encontrou resistência e se divertiu para valer.

Somente através da experiência em primeira mão descobrimos o intenso e extasiante sentimento de bem-estar que um ataque bem-sucedido ao inimigo propicia [...]. Todas as demais impressões passam a ser apenas como o soar de uma campainha comparado aos estrondos do Big Ben.

A segunda guerra contra os axantes, em 1896, não ofereceu esse tipo de oportunidade. A dois dias de marcha da capital Kumasi, o líder da tropa de vanguarda, o futuro general-escoteiro Baden-Powell, recebeu um embaixador que ofereceu rendição incondicional.[6]

Para seu desagrado, Baden-Powell não pôde disparar sequer um tiro contra os nativos. Para dar início às hostilidades, os britânicos prepararam uma provocação extrema. O rei do Império Axante foi preso junto com toda a família. O rei e sua mãe foram obrigados a se arrastar até os oficiais britânicos, que, sentados em caixotes de biscoitos, aceitaram a submissão.[7]

Em *Coração das trevas*, o Arlequim conta que os chefes nativos costumavam se aproximar de Kurtz, o ídolo, *andando de quatro*. Marlow tem uma reação violenta. Ele se afasta e grita que não quer ouvir nada a respeito daquele tipo de cerimônia. A ideia dos chefes andando de quatro parece-lhe ainda mais insuportável que ver as cabeças de pessoas mortas a secar nas estacas ao redor da casa de Kurtz.

A reação torna-se compreensível para quem vê as ilustrações da cerimônia de submissão ocorrida em Kumasi dois anos antes. Essas imagens, que receberam enorme destaque na imprensa ilustrada, expressam uma soberba racista que não se envergonha de provocar a mais absoluta humilhação do inimigo.

Dessa vez os britânicos não tiveram oportunidade para usar as armas. Voltaram tristes para a costa. "Apreciei muito essa pequena excursão", Baden-Powell escreveu para a mãe, "mas, como nunca participamos de combates, infelizmente não vamos ganhar medalhas."

52

Mas às vezes as provocações funcionavam.

Os cônsules britânicos na foz do Benim por anos tinham sugerido que o reino do Benim devia ser conquistado. Era uma exigência feita pelo comércio, e a expedição acabaria se pagando com o saque ao estoque de marfim do rei. Porém o Ministério das Relações Exteriores britânico continuava a achar que a expedição seria cara demais.

Em novembro de 1896 uma nova proposta foi apresentada pelo cônsul em exercício Phillips. As provisões e munições necessárias já estavam a postos para o ataque, que ocorreria entre fevereiro e março de 1897. No dia 7 de janeiro chegou a resposta do Ministério das Relações Exteriores. Como de costume, a resposta foi negativa.

Mas o tenente Phillips estava decidido. No dia 2 de janeiro ele saiu com nove brancos e duzentos carregadores africanos para fazer uma visita de cortesia ao rei do Benim.

Nessa mesma noite, foi interpelado por um mensageiro do Benim, que pediu que a visita fosse postergada por mais um mês, visto que o rei estava ocupado com as cerimônias religiosas anuais.

Phillips seguiu em frente.

Na noite seguinte, novos representantes do Benim pediram encarecidamente que os homens voltassem. Phillips mandou sua bengala para o rei como uma ofensa e seguiu em frente.

No dia seguinte, 4 de janeiro, oito brancos e os carregadores que os acompanhavam foram mortos numa emboscada.

No dia 11 de janeiro chegou a Londres a notícia sobre o "desastre no Benim". A imprensa estava furiosa e exigia vingança. O ataque ao Benim, que o tenente Phillips havia planejado detalhadamente em novembro, mas que lhe havia sido negado, começou a ser posto em prática como uma expedição punitiva para vingar sua morte.[8]

"Ritos macabros". Gólgota, Benim. *Illustrated London News*, 27 de março de 1897

Apesar da resistência ferrenha, os britânicos conquistaram a Cidade do Benim no dia 18 de fevereiro. A cidade foi saqueada e queimada até o chão.

Nunca foi possível determinar o número de nativos mortos pelas tropas britânicas. Por outro lado, os periódicos ilustrados deliciaram-se com os sacrifícios humanos oferecidos pelo rei do Benim — crânios brilhavam como anêmonas no chão, como prova de que nenhum dos nativos morria de morte natural. No livro *Benin — The City of Blood* [Benim — A cidade de sangue, 1897], o capitão Reginald Hugh Bacon apresentou as pessoas crucificadas e estripadas como o verdadeiro motivo da invasão civilizatória ao Benim.[9]

O certo é que, quando dois anos mais tarde os primeiros leitores de *Coração das trevas* de Joseph Conrad leram que Kurtz deixava-se adorar como um deus e havia participado dos "ritos macabros" (*"unspeakable rites"*) dos negros, eram as imagens do Benim que tinham em mente, e assim relembravam as descrições do cheiro de sangue no ar, as valas comuns em que mortos e vivos eram jogados de qualquer jeito, os ídolos cobertos de sangue coagulado.

Esses "ídolos" estão hoje entre as maiores obras-primas da arte mundial. Porém as descrições midiáticas do Benim como um inferno particular dos negros deixaram marcas tão profundas que os britânicos se tornaram incapazes de reconhecer o valor artístico daquelas esculturas. Elas foram vendidas em Londres como itens curiosos para cobrir os custos da expedição. Os museus alemães compraram tudo a preço baixo.

53

O que o rei do Benim teria sentido ao ser perseguido como um animal selvagem pela floresta enquanto a cidade sobre a qual governava ardia em chamas? O que o rei do Império Axante

"Pessoas crucificadas, sacrifício humano". *Benin — The City of Blood* (1897), livro do capitão Reginald Hugh Bacon

teria sentido quando, de quatro, aproximou-se dos caixotes de biscoito para beijar as botas dos conquistadores britânicos?

Ninguém perguntou. Ninguém deu ouvidos àqueles que foram subjugados pelas armas dos deuses. São raros os episódios em que os ouvimos falar.

No fim da década de 1880, a British South Africa Company [Companhia Britânica da África do Sul] havia chegado a partir do sul e penetrado a Matabelelândia, hoje Zimbábue. Em 1894 o povo matabele foi subjugado. A companhia entregou os pastos a especuladores e aventureiros brancos, reduziu os rebanhos de 200 mil para 14 mil animais e proibiu os matabele de portar armas. Patrulhas da morte formadas por brancos reinavam absolutas, a força de trabalho podia ser requisitada sob coação, e em caso de protestos as pessoas eram abatidas a tiros.

Em 1896 houve uma revolução. A companhia chamou as tropas britânicas. Baden-Powell estava lá, encantado por finalmente ter a oportunidade de lutar contra um inimigo "que mal tem capacidade de provocar ferimentos em soldados treinados".

Já na primeira batalha ele e a tropa mataram duzentos "nativos" ao custo de um único europeu tombado.

Matar havia se transformado em um passatempo simples e divertido.

Mas nesse caso o preço ainda fora alto demais. Como resultado, o Exército foi até lá a pedido da companhia e passou a receber pelos serviços militares prestados. Ao fim de poucos meses de batalhas a companhia estava à beira da falência.

Para conseguir paz, no dia 21 de agosto de 1896 [Cecil] Rhodes* e outros líderes brancos pela primeira vez tiveram que ouvir os negros.[10]

* Fundador da British South Africa Company, em 1889, cujo nome designou a Rodésia, hoje Zimbábue.

54

"Uma vez eu visitei Bulawayo", disse Somabulane.

Fiz a visita para homenagear o magistrado. Comigo estavam meus súditos e meus serviçais. Sou um chefe, e estou habituado a viajar com um séquito e conselheiros. Cheguei cedo a Bulawayo, antes que o sol tivesse secado o orvalho, postei-me em frente ao Tribunal e enviei uma mensagem ao magistrado para dizer que eu gostaria de homenageá-lo. Continuei sentado até as sombras longas do entardecer. E então enviei mais uma mensagem ao magistrado, para dizer que eu não tinha a intenção de apressá-lo de nenhuma forma indesejável; eu podia esperar até que desejasse me ver; porém meu povo estava com fome; e quando os brancos me visitavam eu tinha o hábito de matar uma coisa ou outra para que pudessem comer. A resposta do magistrado foi que a cidade estava cheia de vira-latas; e vira-latas convêm aos vira-latas; podíamos matar quantos quiséssemos e comê-los, desde que os capturássemos [...].

Um negro podia ser morto a tiros sem nenhum risco e nenhuma punição, como se mata um cachorro. Aqueles homens eram, portanto, cachorros pretos — essa era a lógica.

Bihler, o conselheiro espiritual de Lord Grey, estava convencido de que os negros precisavam ser exterminados. "A única salvação para o futuro da raça é exterminar o povo inteiro, homens e mulheres acima de catorze anos!", Grey escreve para a esposa em 23 de janeiro de 1897.

Pessoalmente, Grey não aceitava essa conclusão pessimista. Mas o extermínio assim mesmo se manteve próximo. Na imprensa dos brancos, o assunto volta e meia vinha à tona.

Os líderes africanos estavam a par do risco de que seu povo talvez fosse extinto. O próprio Somabulane tocou no assunto durante as negociações de paz:

Vocês vieram, vocês venceram. O mais forte fica com a terra. Nós aceitamos o governo de vocês. Vivemos sob o vosso jugo. Mas não como cachorros! Se vamos ser cachorros, melhor morrer. Vocês nunca vão fazer os ndebeles de cachorros. Vocês podem até nos exterminar, mas os filhos das estrelas jamais vão ser cachorros.[11]

55

A batalha de Omdurmã venceu o maior e mais ferrenho movimento de oposição africano. A melhor forma de acompanhar a batalha é por meio do livro que Churchill escreveu imediatamente após essa vivência, *The River War* [A guerra do rio, 1899]. Na manhã de 2 de setembro de 1898 aconteceu o seguinte:

> As bandeiras brancas estavam quase no alto da colina de Surgham. No instante seguinte estariam todos visíveis para as baterias. Será que tinham clareza sobre o que os esperava? Estavam todos juntos em uma fileira cerrada, a 2500 metros da bateria e das canhoneiras. Os alcances eram conhecidos. Era uma questão puramente mecânica.
>
> A atenção de todos foi capturada pelas cenas de horror que se prenunciavam. Em poucos segundos uma aniquilação instantânea atingiria aqueles bravos homens. Eles atravessaram a crista da colina e avançaram em direção a todo o nosso exército. As bandeiras brancas indicavam onde estavam. Quando viram o acampamento do inimigo, eles dispararam os mosquetes com grande estrondo e aceleraram a marcha. Por mais um instante as bandeiras brancas avançaram de forma ordeira, porém logo toda a divisão expôs-se à linha de fogo [...].

A batalha de Omdurmã. "As metralhadoras e a infantaria os arrasaram. Batalhões inteiros foram aniquilados pelo fogo assassino".
The Graphic, 24 de setembro de 1898

Por volta de vinte granadas os atingiram de imediato. Umas explodiram no ar, outras caíram na cara deles. Outras cravaram-se no chão, explodiram e levantaram areia, fragmentos e balas nas fileiras. As bandeiras brancas foram baixadas e passaram a apontar para todos os lados, mas tornaram a se erguer de imediato quando outros homens surgiram para morrer pela causa sagrada do Mádi e para defender o sucessor do verdadeiro profeta. *Era uma visão terrível, porque aqueles homens não tinham nos causado nenhum dano, e parecia um aproveitamento injusto da nossa vantagem atingi-los com tanta maldade sabendo que não tinham como revidar.*

A batalha de Omdurmã. A imagem mostra a batalha como uma luta de homem contra homem, porém nenhum sudanês chegou a menos de trezentos metros das posições britânicas

O caráter antiquado desse comentário é tangível na frase que encerra o trecho. O conceito ultrapassado de honra e fair play e a admiração ultrapassada pela coragem inútil ainda não tinham sido totalmente substituídos pela ideia moderna de que a superioridade técnica garante o direito a aniquilar o inimigo mesmo quando este não tem como se defender.

56

"A 750 metros da nossa posição, uma fileira irregular de combatentes marchava desesperadamente contra o fogo implacável", prossegue Churchill.

> As bandeiras brancas tropeçavam e caíam, figuras brancas prostravam-se ao chão, dezenas e mais dezenas [...].
> Os homens da infantaria continuavam a atirar, tranquilos e constantes, sem pressa nem emoção, porque o inimigo permanecia longe. Em outros momentos os soldados mostravam-se interessados pelas atribuições e cumpriam-nas com dedicação. Mas logo aquela sequência mecânica de disparos tornou-se aborrecida [...].
> Os rifles ficaram quentes — tão quentes que precisaram ser trocados pelos da companhia reserva. As metralhadoras usaram toda a água dos tambores [...]. Os cartuchos vazios caíam tilintando ao chão e logo formaram pequenos montes cada vez maiores ao redor de cada soldado.
> *Mas na planície balas rasgavam a carne trêmula, quebravam e partiam ossos, o sangue jorrava de feridas terríveis, homens bravos avançavam por um inferno de metal assoviante, granadas explosivas e nuvens de pó — e assim sofriam, desesperavam-se e morriam.*

A empatia de Churchill com a situação do oponente não se refere — é preciso lembrar disso após a vitória do general Schwarzkopf no Iraque —* a um inimigo que empreende uma fuga desesperada. Refere-se a um inimigo que insiste em um ataque que, se não fosse impedido, poderia em pouco tempo mudar o rumo da batalha. O califa havia mandado 15 mil homens nesse ataque frontal. Churchill considera o plano de ataque bem pensado e bem planejado, a não ser por um aspecto decisivo: o desconhecimento sobre a eficácia do armamento moderno.

O grande exército dos dervixes, que ao nascer do sol tinha avançado cheio de esperança e coragem, naquele instante fugiu em meio ao caos total, perseguido pela cavalaria egípcia e atacado pelos lanceiros, deixando para trás mais de 9 mil mortos e um número ainda maior de feridos no campo de batalha.
E assim acabou a batalha de Omdurmã — a mais impressionante vitória que as armas da ciência haviam obtido sobre os bárbaros até então. Em cinco horas o mais forte e mais bem armado exército de selvagens que já havia enfrentado uma grande potência europeia foi vencido e bateu em retirada, sem dificuldades e com risco comparativamente pequeno e perdas insignificantes para os vitoriosos.

57

Semanas depois, em outubro de 1898, a impressão era que a vitória em Omdurmã poderia desencadear uma grande guerra europeia. Os franceses não queriam largar o pequeno posto avançado de Fachoda, ao sul de Omdurmã, e passaram a exigir

---

* Referência ao comandante estadunidense na Guerra do Golfo (1990-91), Norman Schwarzkopf.

parte dos espólios obtidos por Kitchener. Dia após dia a imprensa patriótica começou a disparar canhões de grosso calibre em ambos os países enquanto a Europa chegava cada vez mais perto do abismo.

Mas, por fim, no dia 4 de novembro, em um grande jantar de gala em Londres, durante o qual Kitchener recebeu uma condecoração pela vitória — uma espada de ouro de absoluto mau gosto —, chegou a mensagem de que os franceses haviam cedido. A Crise de Fachoda havia passado.[12] A Grã-Bretanha permaneceu como o último superpoder inconteste, e Rudyard Kipling,[13] o grande poeta do imperialismo, escreveu

> *Take up the white man's burden*
> *Send forth the best ye breed*
> *Go bind your sons to exile*
> *To serve your captives need**

58

Enquanto Kipling escrevia "The White Man's Burden" [O fardo do homem branco], Joseph Conrad escrevia *Coração das trevas*. A maior expressão literária da ideologia imperialista foi publicada ao lado da própria antítese no universo da poesia. Essas duas obras foram escritas sob a influência da batalha de Omdurmã.

Já em *Um pária das ilhas*, de 1896, Conrad havia descrito como é ser atacado pelos canhões da esquadra. Ao redor de Babalatchi o chão está banhado de sangue, as casas estão em cha-

---

* Assuma o fardo do homem branco/ Envie os melhores dentre vocês/ Mande os seus filhos para o exílio/ Para atender as necessidades dos cativos. (N.T.)

mas, as mulheres gritam, as crianças choram, os moribundos arquejam. Todos morrem indefesos, tombando "antes de ver o inimigo". A bravura é inútil contra um oponente invisível e inalcançável.

É justamente essa invisibilidade dos atacantes que uma das sobreviventes, filha do chefe, relembra mais tarde no romance: *"First they came, the invisible whites, and dealt death from afar..."* [Primeiro eles chegaram, os brancos invisíveis, e infligiram a morte de longe...].

Poucos autores ocidentais descreveram com tanta propriedade a revolta indefesa diante de uma força de superioridade enorme, que mata sem nem ao menos desembarcar, que vence sem nem ao menos estar presente.

Esse romance ainda estava nos balcões à venda nas livrarias durante a batalha de Omdurmã. E, em *Coração das trevas,* escrito sob a influência da vertigem patriótica desencadeada pelo retorno de Kitchener, Conrad abre a caixa de ferramentas do imperialismo e examina aquelas coisas que [Daniel R.] Headrick chama de *"the tools of imperialism"* [as ferramentas do imperialismo]: As canhoneiras que disparam contra um continente. A construção de ferrovias que tem por objetivo facilitar o saque ao continente. O navio a vapor que leva o europeu e suas armas ao coração do continente. Os "trovões de Júpiter" que são carregados em procissão atrás da maca de Kurtz: duas espingardas, um rifle pesado e uma carabina. Armas Winchester e Martini-Henry que cospem chumbo contra os africanos na costa.

— Devemos ter feito um banho de sangue na mata. Você não acha? — Marlow ouve os brancos dizerem.

"Aproximamo-nos deles com o poder de uma divindade", Kurtz escreve no relatório para a Sociedade pela Supressão dos Hábitos Selvagens. É uma referência às armas. Elas conferiam o poder de um deus.

No poema de Kipling, a tarefa imperialista é um dever ético. E assim a mesma ideia é apresentada por Kurtz, que se faz rodear por uma nuvem de retórica kiplinguiana. Apenas em uma nota de rodapé em meio a essa verborragia toda surge a verdadeira natureza dessa tarefa, tanto para Kurtz como para Kitchener, na estação interior e em Omdurmã: *"exterminem todos os malditos"*.

Rumo a Tamanrasset

59

Os ônibus que trafegam os 660 quilômetros que separam In Salah de Tamanrasset são caminhões Mercedes adaptados e pintados de vermelho-alaranjado para ter maior visibilidade em meio à areia do deserto. O compartimento de passageiros montado na boleia parece um pequeno submarino com pequenas escotilhas em vez de janelas. É incrivelmente quente e apertado lá dentro, e amortecedores são uma ideia distante — é preciso aguentar os trancos com o próprio corpo.

Estou com medo, como de costume. Mas, quando a partida não pode mais ser adiada, quando me vejo no raiar do dia com a minha bagagem pesada, tomando impulso antes do salto — nessa hora me sinto novamente tomado pela felicidade de estar onde estou.

O Saara estende-se aos meus pés como uma lona de salvamento. Basta saltar.

O dia começa em meio a dunas brancas, fofas e pontudas como chantili. Placas de trânsito carcomidas pela areia, quase ilegíveis. Quando a estrada faz uma curva em outra direção, a cor da areia também muda — as dunas brancas tornam-se cinzentas, amarelas, vermelhas, marrons, até mesmo pretas quando a luz bate em um ângulo diferente.

Depois surgem as primeiras montanhas, negras como fuligem, arroxeadas, queimadas. O cenário é muito castigado pelo clima, rodeado por rochas caídas que mais parecem escória saída de uma forja descomunal. Há tamarizes solitários, quase todos secos e mortos. O motorista para e junta pedaços de madeira para fazer a fogueira noturna.

À noite o ônibus faz uma parada em Arak, onde funciona um pequeno café que se apresenta como restaurante e hotel. Dormimos de dois em dois em cabanas de palha, diretamente sobre o colchão. Sob o brilho da lamparina, leio *A máquina do tempo* de H. G. Wells.

Conrad também leu esse livro. Vejo que ele aprendeu muito com Wells.

60

O mapa dá a impressão de que a estrada seria melhor depois de Arak, mas continuamos nos arrastando em primeira ou segunda marcha, ou mesmo avançando com tração nas quatro rodas. A "estrada" é apenas uma sinalização: o ônibus anda diretamente no deserto em uma área trafegada com aproximadamente um quilômetro de largura, o tempo inteiro procurando o caminho mais favorável em meio a um emaranhado de rastros.

De vez em quando enormes plumas de fumaça se erguem de outros veículos no horizonte e aproximam-se aos poucos. Já de tarde, essas fumaças misturam-se às nuvens de pó trazidas pelo vento do entardecer. Essa mistura cobre o sol poente com uma névoa em meio à qual se desenham montanhas e tamarizes solitários.

Os rochedos parecem antigos e cansados. As formas com frequência parecem orgânicas, como vértebras caídas da coluna da montanha. Mais perto de Tamanrasset, já no interior do maciço de Hoggar, os picos tornam-se mais altos e o cerne das montanhas oferece resistência maior — porém mesmo aqui a principal impressão causada pelo cenário diz respeito ao terrível poder do clima. Você avança dezenas e dezenas de quilômetros por um deserto de cacos, à procura de uma realidade irremediavelmente destruída.

Levo um susto ao ver meu rosto no espelho. Eu também fui exposto ao clima implacável, ao sol e ao vento, ao calor e ao frio que reduzem as montanhas a escombros. Dá para ver.

61

Tamanrasset é a capital do Sul, uma cidade internacional que mantém contato próximo com os países vizinhos — o Níger e o Mali — por meio do tráfego de veículos, do fluxo de refugiados e do contrabando.

Exploradores europeus e turistas em excursões — todos chegam mais cedo ou mais tarde a Tamanrasset, e todos se perdem nos corredores do hotel Tahat.

O arquiteto tinha muito gosto por simetrias. O hotel tem dezesseis salas exatamente idênticas de onde quatro corredores exatamente idênticos saem em direção aos quatro pontos cardeais.

Quando me avisam da recepção que La Suède está no telefone eu corro por aquele labirinto como um rato afobado até por fim chegar ofegante ao lugar certo, e já no telefone ouço a minha respiração ofegante, bastante alterada, ser transmitida entre as estações de rádio de Uargla, Argel e Paris. Apagada por essas enormes reverberações, a voz da minha filha desaparece e logo está mais fraca que um sussurro. Por fim me vejo obrigado a desistir, vencido pelo meu próprio eco.

Uma das faxineiras do hotel tem consigo uma criança de colo, que ela deixa no assoalho de pedra no quartinho de limpeza antes de começar o trabalho. A criança chora ininterruptamente das oito da manhã até a tarde, quando, já exausta, consegue no máximo soltar uns choramingos.

Se um adulto chorasse deitado com tanta angústia e tormento, quanto tempo haveria de passar-se antes que uma providência fosse tomada? Mas as crianças — as crianças choram, todo mundo sabe. Todo mundo acha perfeitamente normal.

62

A saudade é sentida nas costas.

O rosto mantém a máscara. O rosto pode ao menos se olhar no espelho. Mas a nuca é sozinha.

A barriga pode ser abraçada. Mas as costas ficam para trás, sozinhas.

É por isso que criaturas mitológicas como a *huldra* e os gênios têm costas ocas — ninguém jamais apertou a barriga quente em um abraço pelas costas.

Em vez disso, lá trabalha a goiva da solidão.

Nunca encontramos a solidão. É ela que chega por trás e nos alcança.

63

Conrad perdeu a mãe aos sete anos e o pai aos onze. Ele emigrou da Polônia para a França, e da França para a Inglaterra. Serviu em dezesseis embarcações diferentes. Sempre que trocava de país ou de embarcação, precisava fazer novos amigos ou então ficar sozinho.

E a essa altura ele havia trocado a solidão do marinheiro pela solidão do escritor. A esposa de Conrad era dona de casa. Era com os amigos que ele se sentia correspondido e aceito.

Um dos mais velhos amigos de Conrad chamava-se Hope e morava num vilarejo chamado Stanford-le-Hope. Depois de casar, Conrad foi morar com a esposa em Stanford-le-Hope para estar perto do amigo.

Marlow conta a história de Kurtz para um pequeno círculo de quatro amigos. Durante a vida inteira Conrad tinha ansiado por um círculo como esse. Em 1898 ele imaginou finalmente o haver encontrado.

Quando sentou para escrever *Coração das trevas*, Conrad tinha acabado de sair de Stanford-le-Hope para morar na Pent Farm, em Kent. E assim, de uma hora para a outra, viu-se no meio de um círculo de amigos escritores que moravam perto uns dos outros. Todos esses amigos encontram-se presentes como ouvintes invisíveis da história de Marlow.

64

Preparei uma mesa para começar a trabalhar, mas estou tendo graves problemas com a areia que invade os meus disquetes. Tamanrasset é seca como um dia entre o inverno e a primavera em Pequim. A cidade fumegante, seca e ventosa permanece envolta por uma nuvem de pó.

E, assim como o vento de Pequim traz consigo o deserto de Gobi, esse vento traz consigo o Saara — ademais, é o mesmo deserto que segue através da Líbia e do Egito, atravessa o Oriente Médio e o Irã, o Baluquistão e o Afeganistão até Xinjiang e de lá vai para Gobi. Todos esses milhões de quilômetros quadrados de areia evidenciam uma impressionante tendência a soprar na direção de Tamanrasset e acumular-se nos meus disquetes.

Bandos de homens e de animais estão sempre a caminho pelo leito seco do rio, que é o equivalente de Tamanrasset ao Hyde Park. Camelos exaustos baixam a cabeça e sopram a areia para ver se encontram comida enquanto cabras pacientes mastigam papelão.

Mulheres aparecem carregando fardos, não na cintura, como em In Salah, mas aqui pela primeira vez em cima da cabeça. Grupos de rapazes andam ao redor, e a cada passo levantam nuvens de areia. Se o parque é o pulmão da cidade, esse é o pulmão do deserto.

Mas Tamanrasset tem uma especialidade. Há uma estrada, uma estrada para carros, que permitiria cruzar o uádi com sapatos lustrados. Essa estrada é reservada aos militares.

Por essa ponte chega um oficial a caminho do correio. Ele leva consigo quatro homens que trajam coturnos, capacetes brancos e têm a queixeira praticamente na altura do nariz. Em frente à agência de correio eles põem-se a marchar enquanto o militar passa na frente de todos os outros na fila, pede um selo e o lambe. Depois são mais seis passos à frente e mais um tempo em ponto morto até que ele poste a carta. Logo todos voltam a marchar em frente com a mesma expressão satisfeita e solene que um cachorro tem ao cobrir de terra o que acabou de fazer.

Posto a minha singela carta usando formas bem mais simples.

65

O salão de cabeleireiro em Tamanrasset tem um pôster do Elvis e outro da seleção nacional da Argélia. Fico lendo Wells e ouvindo o rádio argelino enquanto aguardo a minha vez.

Na minha frente, um negro tem o cabelo tosado como se fosse um carneiro: aquele grande emaranhado é removido inteiro da cabeça dele. O outro é um pequeno e elegante cadete que, com a ajuda de um secador e de uma navalha, tem os cabelos cortados na forma de uma fina touca ao redor da cabeça.

Quando chega a minha vez, tento descrever com gestos os pontos exatos onde eu gostaria de cortar o cabelo. Também sobra pouco na minha cabeça.

Devagar eu retorno ao hotel, ziguezagueando por entre as sombras. Acho que agora sei como continuar.

Coração das trevas não foi escrito apenas sob a impressão deixada pelo debate relativo ao Congo, pelo retorno de Kitchener e por outros acontecimentos da época. A história também se desenrola em um mundo literário, um mundo textual onde Kipling era o rival e a antítese, embora outros autores fossem mais importantes: Henry James, Stephen Crane e Ford Madox Ford, mas acima de tudo H. G. Wells e Robert B. Cunninghame Graham.[1]

Os amigos

"Killing the brutes"*

66

O viajante do tempo em *A máquina do tempo* leva-nos a um mundo futuro em que a espécie humana se dividiu em dois tipos: as criaturas loiras e apáticas do mundo exterior e as criaturas noturnas do subterrâneo, conhecidas pelo nome de "morlocks".

É como se dr. Jekyll e sr. Hyde tivessem se multiplicado e dado origem a duas espécies diferentes que habitam simultaneamente o futuro. Como se o superego e o id tivessem se divorciado e cada um dado início a um povo próprio. Como se a classe trabalhadora da "mais negra Inglaterra" houvesse sido empurrada de volta para o subterrâneo para lá criar uma nova raça. Como se os habitantes da "mais escura África" houvessem vivido uma vida subterrânea no próprio coração do império.

Entre essas interpretações possíveis que passam pela cabeça do leitor, aquela que leva a história adiante é a africana — os morlocks revelam-se canibais. E são os canibais que detêm o po-

---

* No original, em inglês, em tradução literal: "Assassinando os brutos".

der. As pessoas bonitas que habitam a superfície são apenas o rebanho engordado que os canibais prendem, abatem e comem.

O viajante do tempo é tomado por ódio e terror. Ele tem vontade de matar os morlocks. Tem vontade de descer à escuridão, "*killing the brutes*" [matando aqueles animais].

Na história de Wells, essa matança é ao mesmo tempo repleta de medo e de júbilo. O viajante do tempo adormece na escuridão e quando acorda descobre que os morlocks estão em cima dele, moles e repulsivos. Ele sacode para longe aqueles "ratos humanos" e começa a desferir golpes ao redor. E gosta de sentir a barra de ferro bater na carne tenra e quebrar ossos...

67

O principal filósofo da época ainda era Herbert Spencer. Ainda criança, ele tinha recebido uma educação muito rígida. O princípio da pedagogia negra tornou-se o maior segredo da existência de Spencer. Todas as criaturas vivas são capazes de progredir por meio do castigo. A natureza apresenta-se como um gigantesco complexo educacional em que a ingenuidade e a incompetência são punidas com a pobreza, a doença e a morte.

A máquina do tempo é um experimento com a teoria do desenvolvimento de Spencer. O romance mostra como a humanidade, nas palavras do viajante do tempo, "comete suicídio" ao minimizar a dor que é mãe da inteligência e do desenvolvimento.

O livro seguinte de Wells, *A ilha do dr. Moreau* [1896], também foi lido por Conrad. Esse livro explora a possibilidade oposta: a maximização da dor a fim de acelerar o desenvolvimento.

Valendo-se de suas habilidades cirúrgicas, o dr. Moreau tenta engendrar, a partir de animais, criaturas similares aos seres humanos. Esses animais são torturados para que a dor acelere as etapas evolutivas:

> Cada vez que mergulho uma criatura viva no banho de dor, digo para mim mesmo que dessa vez vou queimar tudo o que é animal, dessa vez vou fazer uma criatura consciente, minha. Dez anos... o que significa isso, afinal de contas? Foram necessários 100 mil para fazer o homem.

O dr. Moreau criou 120 criaturas, e a metade já morreu. Mas ele não conseguiu criar nenhuma pessoa de verdade. Assim que o dr. Moreau tira a mão das criaturas, elas começam a regredir ao estado animalesco. O animal interior é mais forte à noite, no escuro. Certa noite o puma escapa e mata o torturador. As bestas começam uma revolução e tomam o poder na ilha. O narrador vê que a cada dia as criaturas tornam-se mais peludas, com a testa cada vez mais baixa, e começam a rosnar em vez de falar.

Ao salvar-se e voltar para a civilização, ele encontra mais do mesmo. Os homens parecem a ele animais atormentados que logo podem voltar a andar de quatro. E assim ele escolhe a solidão sob as estrelas. "É no céu estrelado que aquilo que é mais animal do que homem precisa buscar consolo e esperança. E assim termina a minha narrativa: em esperança e solidão."

A ilha do dr. Moreau pode ser lido como uma saga do colonialismo. Assim como o colonizador civiliza as raças inferiores e animalescas com o chicote de hipopótamo, o dr. Moreau civiliza os animais com instrumentos de tortura. Assim como o colonizador tenta criar um novo tipo de criatura, o selvagem civilizado, o dr. Moreau tenta criar o animal humanizado. O meio empregado em ambos os casos é o terror. Assim como Kurtz, o dr. Moreau ensina essas criaturas a adorá-lo como se fosse um deus.

68

Em *Um pária das ilhas*, que Wells resenhou em maio de 1896, Conrad reúne as críticas dos nativos aos colonialistas na imagem dos "*invisible whites*" — os brancos invisíveis, que matam sem nem ao menos estar presentes. Talvez o próprio Conrad tenha inspirado Wells a escrever uma nova saga do colonialismo: *O homem invisível* [1897].

A história gira em torno de um homem que, em razão de um experimento excepcionalmente bem-sucedido, torna-se invisível e não sabe como recuperar a visibilidade.

No início ele se desespera com a situação, porém logo percebe como tirar proveito dessa habilidade. Uma vez que ninguém o vê, ele pode cometer qualquer tipo de violência. Ninguém pode impedi-lo de matar todos os que se opõem ao reino de terror. A invisibilidade o torna desumano.

"Ele é insano", disse Kemp. "Inumano. Ele é o próprio egoísmo." O próprio egoísmo, "*pure selfishness*", foram também as palavras que Conrad escolheu para descrever a seu editor o tema principal de *Coração das trevas*.

Os homens que representavam a civilização nas colônias eram "invisíveis" não apenas no sentido de que tinham armas capazes de matar à distância, mas também no sentido de que no país natal as pessoas não tinham a menor ideia daquilo que eles estavam fazendo. Afastados do país natal por distâncias enormes, um sistema de comunicação precário e selvas quase impenetráveis, esses homens exerciam o poder colonial sem que houvesse nenhum controle por parte da opinião pública doméstica. Como usavam essa força sem nenhum tipo de supervisão? Que tipo de transformação sofriam enquanto ninguém os via?

Charles Dilke retomou essas questões em "Civilisation in Africa" no verão de 1896. Todas foram discutidas em 1897 por ocasião de certos artigos publicados no *Times* por Benjamin Kidd e depois novamente em 1898, quando os textos saíram em forma de livro sob o título *Control of the Tropics* [O controle dos trópicos]. Como de costume, Wells estava em sintonia com a época.

Conrad envolveu-se com o tema assim que o encontrou em Dilke e escreveu "Um posto avançado do progresso", o conto sobre os dois vadios que sofrem um processo de desumanização quando estão longe da vista de todos. Ele reagiu produtivamente mais uma vez ao se deparar com o tratamento dado por Wells ao tema. Kurtz é o homem invisível de Conrad.

Ele tinha acabado de ler o livro. Em 17 de novembro de 1898 Conrad pediu que Wells lhe enviasse *O homem invisível*, porque seu próprio exemplar fora extraviado. No dia 4 de dezembro, Conrad elogiou profusamente o livro em uma carta escrita a Wells. Quando se pôs a escrever a história de Kurtz, *O homem invisível* era um dos livros mais recentes que havia lido.

Perto do Natal ele escreveu uma carta para a jovem sobrinha Aniela Zagórska e recomendou-lhe a leitura de *O homem invisível*, uma obra que ainda lhe ocupava os pensamentos mesmo enquanto trabalhava em *Coração das trevas*.

69

A carta para Zagórska também recomenda aquele que na época era o livro mais recente de Wells, *A guerra dos mundos* [1898]. Nesse livro, a crítica ao colonialismo é ainda mais explícita — talvez porque a obra tenha sido escrita em 1897, o ano do jubileu, ainda sob a orgia de santimônia injustificada a que o imperialismo britânico havia se entregado.

No romance de Wells, Londres é atacada por uma raça de conquistadores extraterrenos. As criaturas de Marte viveram sob um frio extremo, que desenvolveu o intelecto e levou-as a inventar naves espaciais e raios letais. Aos poucos as criaturas envolvem Londres em uma nuvem de gás preto, uma escuridão impenetrável, irresistível e mortal.

A história é repleta de palavras que também funcionam como sinalizadores em *Coração das trevas* — *"darkness"* [escuridão], *"blackness"* [negrura], *"extermination"* [extermínio], *"brutes"* [selvagens] e *"horror"* [horror].

As armas dos marcianos matam "como uma mão invisível". Em relação aos britânicos, os marcianos adotam o mesmo tipo de superioridade que os britânicos adotam em relação às pessoas não brancas. E, assim como os britânicos imaginam ter o direito de conquistar o território das raças inferiores, os marcianos imaginam ter o direito de conquistar a terra habitada por uma humanidade que essas criaturas veem como uma espécie inferior de animal.

> Antes de condená-los temos que nos perguntar que tipo de extermínio total e implacável nós mesmos causamos, não apenas para os animais, com o bisão e o pássaro dodô, mas também para as raças humanas inferiores.
>
> A humanidade dos tasmanianos não serviu como proteção — em cinquenta anos eles foram varridos da existência em uma guerra de extermínio comandada por imigrantes europeus. Que direito temos a reclamar se os marcianos promovem o mesmo tipo de guerra contra nós?

A humanidade logo é exterminada nos arredores de Londres, a não ser por uns poucos sobreviventes. O narrador encontra uma dessas pessoas em Putney Hill. O homem sugere continuar a vida e a resistência nos esgotos. O risco é que a humanidade possa *"go savage"* [tornar-se selvagem] para então se degenerar em uma espécie de rato selvagem. A situação extrema serve como motivação a soluções extremas:

> Não podemos manter os fracos e os estúpidos. A vida é novamente real, e aqueles que são inúteis, incômodos e prejudiciais têm que morrer. Eles precisam morrer. Eles precisam estar dispostos a morrer. Deve ser considerado falta de lealdade da parte deles continuar vivos e manchar a raça...

O pequeno Adolf Hitler tinha oito anos quando *A guerra dos mundos* foi escrito.

O enigma da malária foi resolvido em 1897, enquanto Wells escrevia o romance. Assim como a malária tinha sido a melhor defesa dos nativos contra os conquistadores brancos, no romance as bactérias transformam-se na defesa da humanidade contra os marcianos. São as bactérias que salvam a humanidade. Depois de conquistar toda a Terra, os marcianos sucumbem ao menor e mais humilde dentre todos os habitantes.

E nós podemos seguir pelo mesmo caminho em nossa soberba, adverte Wells. Não podemos achar que o futuro nos pertence apenas porque progredimos durante um tempo. "Para cada espécie dominante que existiu até hoje — permita-me repetir — o domínio absoluto levou depressa à ruína total."

70

Wells sabia do que estava falando. Ele tinha estudado biologia e paleontologia com Thomas Huxley, e os artigos de divulgação científica que escreveu demonstram grande interesse pelo tema da extinção.

"On Extinction" [Sobre a extinção, 1893], trata do "mais triste capítulo" da ciência — aquele que descreve o longo e inevitável declínio de toda a vida que luta.[1]

Nas galerias do museu de geologia, cúpulas repousam sobre espécies extintas gravadas em pedra. Um desses animais era o atlantossauro. Por motivos de mudanças climáticas, doença ou predador desconhecido, esses répteis enormes começaram a diminuir de número até desaparecer por completo.

O imenso arquivo da paleontologia está repleto de testemunhos da extinção; gêneros, famílias, ordens e classes foram extintos sem deixar nenhuma marca sobre a fauna sobrevivente.

Muitos espécimes dos museus vêm acompanhados do texto "classificação incerta". Esses animais não se parecem com nada que vive hoje. Apontam rumo a uma escuridão incompreensível, onde a única certeza é o fato inegável da extinção.

Mesmo hoje as forças da extinção continuam a trabalhar. Nos séculos mais recentes, pessoas civilizadas avançaram sobre o globo terrestre e empurraram diferentes espécies uma atrás da outra rumo ao abismo. Não se trata apenas do pássaro dodô, mas de centenas de gêneros e espécies.

A extinção total do bisão foi particularmente rápida. Focas, baleias-da-groenlândia e muitos outros animais parecem estar fadados ao mesmo destino triste. Será que entendem o que acontece? Os últimos sobreviventes de espécies vencidas e moribundas — será que sentem o frio da solidão no peito?

Segundo Wells, a situação desses animais encontra-se além da nossa capacidade de compreensão. Nossa Terra ainda se encontra repleta de pessoas, nosso futuro parece ser repleto de vida humana. A coisa mais terrível que podemos imaginar é uma Terra devastada, onde o último homem totalmente sozinho olha diretamente para o rosto da extinção.[2]

71

A atmosfera no grande depósito é muito seca. Tenho dificuldade para respirar. Sou levado para a SALA DE INALAÇÃO, onde o ar úmido como o de uma estufa traz uma sensação de maciez e conforto aos pulmões. Passado um tempo lá dentro sinto-me refeito. Mas assim que volto à atmosfera seca do depósito, mais uma vez sinto dificuldade para respirar, e mais uma vez sou levado para a sala de inalação. Em poucos instantes o local se transformou por completo. Está vazio. Não há ninguém lá dentro, nenhum móvel, absolutamente nada.

— Eu quero ir para a sala de inalação — digo.

— O senhor pegou o caminho errado — responde um alto-falante invisível. — Esta é a SALA DE ANIQUILAÇÃO.

— Não entendi.

— Existe uma grande diferença — explica a voz em tom factual. — Aqui as pessoas são aniquiladas.

— E o que isso significa?

— Aqui é a câmara de extermínio. Aqui cessa toda a existência. Tudo acaba.

As palavras explodem dentro de mim, em câmera lenta. O significado expande-se como um paraquedas e cai vagarosamente pela consciência até me proporcionar uma revelação súbita: não existo mais. Acabou.

72

Em abril de 1897, enquanto Wells escrevia *A guerra dos mundos*, o periódico *The Social-Democrat* publicou uma história de criação marcada por essa mesma ironia sangrenta, por esse mesmo pessimismo revolucionário. A história chamava-se "Bloody Niggers" [Malditos pretos].

Por que Deus criou as pessoas? Teria sido por desleixo ou má vontade? Não sabemos. Mas o fato é que existimos — pretos, brancos, vermelhos e amarelos.

Muito tempo atrás na história, assírios, babilônios e egípcios viveram e lutaram, porém o tempo inteiro Deus tinha um objetivo diferente e melhor.

O autor do conto faz com que gregos e romanos se ergam da escuridão da barbárie para abrir caminho para a raça que estava predestinada a governar a humanidade: a raça britânica — islenhos batizados em névoa, fartos de progresso e riquezas.

Na África, na Austrália, na América e nos milhares de ilhas no Pacífico vivem as raças inferiores. Pode ser que tenham nomes e diferenças ínfimas entre si, mas assim mesmo são todas compostas por pretos, "malditos pretos". Finlandeses e bascos e os demais também não são grande coisa: são como negros europeus, "fadados a desaparecer".

Negros continuam sendo negros independentemente do matiz da pele, mas o arquétipo encontra-se na África. Ah, a África! Deus só podia estar de mau humor quando criou aquele continente. Por que mais haveria de enchê-lo de pessoas fadadas a verem-se substituídas por outras raças vindas de fora? Não teria sido melhor fazer os negros com a pele branca, para que todos pudessem aos poucos transformarem-se em ingleses, em vez de nos dar o trabalho de ter que exterminá-los?

Os negros não têm canhões e, portanto, não têm direitos. A terra deles é nossa. Os rebanhos e os pastos, as ferramentas e tudo mais que possuem é nosso — como as mulheres são nossas para tomar como amantes, espancar e fazer escambo, nossas para infectar com sífilis, engravidar, humilhar e atormentar "até que o mais vil dentre os nossos vis torne-a mais vil que um bicho".

Nossos bispos gritam aos céus quando os armênios são atacados pelos turcos. Mas calam a respeito de crimes ainda piores cometidos pelos compatriotas. O coração britânico cheio de hipocrisia bate por todos, menos por aqueles que o próprio império afoga em sangue. O Deus que criou pessoas como nós — não seria um louco?

73

O autor desse libelo foi o aristocrata e socialista escocês Robert B. Cunninghame Graham. Depois de uma vida de aventuras na América do Sul ele voltou ao país natal e a uma nova carreira como escritor e político.

Meses após a publicação de "Bloody Niggers", Graham leu a novela "Um posto avançado do progresso", de Conrad, e reconheceu um espírito semelhante na crítica ao imperialismo e na aversão à hipocrisia. Escreveu para Conrad e assim começou uma troca de correspondências sem igual na seriedade, na confiança e na intensidade. Graham tornou-se o amigo mais próximo de Conrad.

Os dois amigos sempre fazem elogios leais aos contos e aos artigos um do outro, mas há um caso em que a reação de Conrad é bem mais enfática que o normal: em junho de 1898, ele lê "Bloody Niggers", que na época já tinha mais de um ano.

"É bom", escreve Conrad, "muito bom, mas…" (Conrad passa a escrever em francês) "… meu caro amigo, você acaba se dispersando, as ideias andam por toda parte como cavaleiros errantes, quando no fundo deviam estar dispostas em uma formação precisa e eficaz."

"E de que adianta pregar para os convertidos?", pergunta Conrad, que logo se interrompe:

Estou sendo ingênuo. A honra, a justiça, a solidariedade e a liberdade são ideias que não têm convertidos. Existem apenas pessoas que, sem perceber, sentir ou compreender, deixam-se inebriar pelas palavras, repetem-nas, gritam-nas, tentam se convencer de que acreditam nelas — sem acreditar em nada além de lucro, vantagem e satisfação pessoal.

A crítica feita à linguagem no verão de 1896, na qual Conrad havia descrito as palavras grandiosas como ruídos, *"sounds"*, retorna aqui, dessa vez levada às raias do desespero:

As palavras voam — e nada fica para trás, você entende? Absolutamente nada, meu homem de fé! Absolutamente nada. Um instante, e já não resta nada — a não ser um punhado de sujeira, um punhado frio e morto de sujeira lançado na escuridão do espaço, girando em torno de um sol extinto. Nada. Nada de pensamentos, sons ou alma. Nada.

74

Conrad chama Graham de *homme de foi*, homem de fé.

Conrad não queria nem podia ter nada a ver com o socialismo de Graham (ou com a política em geral). Ele era bem filho do pai dele. Sabia onde aquilo tudo acabava. A política havia matado sua mãe, destruído seu pai e feito dele próprio um órfão que acabou obrigado a fugir do país.

Graham, com a certeza conferida pela identidade nacional, talvez pudesse se dar a esse luxo. Conrad, o escritor exilado, não podia. Ele podia somente admirar e amar a política do pai na política de Graham. Mas ele também odiava essa mesma política e nunca conseguiu perdoá-la.

Quem hoje em dia pode ser chamado de *homme de foi*? Essa parece ser uma espécie extinta. O problema de Graham, por outro lado, permanece conosco sob uma forma plenamente reconhecível; o desespero também. A única diferença é que a fé e a esperança que ele tinha foram retiradas de nós.

75

No dia 1º de dezembro de 1898, Conrad leu o recém-publicado relato de viagem de Graham intitulado *Mogreb-el-Acksa*. Em uma carta de 4 de dezembro para a mãe de Graham, Conrad escreveu: "É o livro de viagem do século. Não se havia publicado nada parecido desde o *Mecca* de Burton".

Para o próprio Graham, ele escreve no dia 9: "As características próprias da obra causam impressão no leitor desde o primeiro momento. E depois vem todo o restante: a habilidade, o páthos, o humor, a espirituosidade, a indignação. [...] Pode até mesmo trazer progresso material. Quem sabe? Talvez o livro seja bom *demais*".

O livro de Graham era uma das mais recentes leituras de Conrad quando, no dia 18 de dezembro, pôs-se a escrever *Coração das trevas*.

O narrador de *Mogreb-el-Acksa* dirige-se a um pequeno círculo de homens que se encontram reunidos ao pé da lareira, com os cachimbos acesos, e param as canecas de lata no meio do caminho até a boca quando ouvem os cavalos relincharem. É a contraparte a cavalo de Marlow em meio ao círculo de marinheiros.

Ele narra, segundo afirma, tão somente aquilo que viu, sem nenhuma bandeira, nenhuma pretensão de cumprir uma missão de caráter moral. Não tem nenhuma teoria sobre impérios, sobre o destino da raça anglo-saxônica, sobre a disseminação do cristianismo ou sobre a expansão comercial. Trata-se de um personagem distante, como Marlow no início de *Coração das trevas*. Ele está a caminho de Taroudant. A princípio, viaja de barco como Marlow pela costa da África. Pensa no "Oriente", *"the East"*, um conceito que na época abarcava praticamente todo o mundo não europeu.

> Da maneira como vejo, os europeus são o flagelo do Oriente. O que eles têm a oferecer? Armas de fogo, pólvora, gim, roupas mal-acabadas, muitas vezes desonestidade, porcarias baratas que desvalorizam o trabalho manual das mulheres, novas necessidades, novos costumes e insatisfação com aquilo que se tem [...]; essas são as bênçãos que os europeus têm consigo.

As classes dominantes no Marrocos "entendem perfeitamente as exigências de melhor governo, progresso, moral e outros assuntos que as forças cristãs mencionam a nações mais fracas quando têm por objetivo anexar seus territórios". Certas regiões já se encontram em mãos estrangeiras, e os marroquinos "gostam disso tanto quanto gostaríamos de ter russos na Isle of Wight", escreve Graham.[3]

Mesmo esse tímido esforço de ver a Europa sob a perspectiva das nações ameaçadas e atacadas era na década de 1890 raro e desafiador o suficiente para render a Graham um perfil totalmente distinto como escritor. É a mesma atitude narrativa que Conrad tinha assumido em "Um posto avançado do progresso", e que mais tarde Marlow assumiria no início de *Coração das trevas*.

Quando leu a história de Graham sobre um ocidental que penetra ainda mais fundo na África desconhecida e perigosa, Conrad não leu apenas o que constava no livro. Ao lado ou por trás das experiências do amigo, reconheceu também as suas próprias.

Por trás do texto do amigo, entreviu seu próprio texto, a história que ele mesmo haveria de escrever sobre o mesmo tema, no mesmo espírito, tendo o amigo como destinatário oculto. Quando desfiou elogios à história relativamente simples de Graham, Conrad antccipava os elogios que esperava receber de Graham à sua própria história — uma história que ainda não existia, mas que já havia começado a imaginar nas entrelinhas do livro de Graham.

76

As críticas à influência europeia no "Oriente" já tinham sido formuladas anteriormente naquele outono de forma ainda mais enérgica por Graham na história "Higginson's Dream" [O sonho de Higginson], que Conrad revisou para o amigo em setembro de 1898.[4]

"É superbom", Conrad escreveu para a mãe de Graham em 16 de outubro. "Bom demais para me lembrar do meu próprio trabalho, porém me sinto muito lisonjeado de saber que a senhora encontrou similaridades. Quanto ao ponto de vista, naturalmente concordo em tudo."

Que ponto de vista?

Durante as batalhas em Tenerife em "Higginson's Dream", os guanches são acometidos por uma estranha doença que faz mais vítimas do que a própria guerra. Toda a ilha estava coberta de mortos, e Alfonso de Lugo encontra uma mulher que pergunta:

— Para onde você vai, cristão? Por que hesita em conquistar esse lugar? Todos os guanches estão mortos.

A doença chamava-se "modorra". Mas, de fato, bastava a presença do homem branco, com armas de fogo e a Bíblia, gim, tecidos de algodão e o coração cheio de bondade para exterminar os povos que pretendia livrar da barbárie.

A despeito da forma como agimos, nossa presença torna-se uma maldição para todos os povos que preservam a humanidade original. Segundo Graham, é inevitável que os nossos costumes levem a morte para as raças supostamente inferiores, as quais forçamos, de um só golpe, a percorrer distâncias que nós mesmos levamos mil anos para vencer.

Vale a pena mencionar o fato de que Graham, ao contrário da maioria dos intelectuais do período, já naquela época escreve *"the so-called inferior races"* [as raças supostamente inferiores]. Segundo ele, a morte das pessoas não brancas não estava ligada a nenhum tipo de inferioridade biológica, mas àquilo que hoje seria chamado de choque cultural — a exigência de uma adaptação imediata a uma deturpação específica da cultura ocidental (gim, Bíblia e armas de fogo).[5]

Era com esse ponto de vista que Conrad concordava.

77

No outono de 1898 Conrad trabalhou no romance *The Rescue* [O resgate], uma cria problemática que só foi dada ao mundo anos mais tarde.

The Rescue é uma história sobre um imperialista nobre e galante. Ele arrisca toda a existência para ajudar um amigo malaio que certa vez havia lhe salvado a vida. O tema é, portanto, o exato oposto de *Coração das trevas*. O romance causou infindáveis tormentos a Conrad e por diversas vezes levou-o à beira do suicídio.

É também um romance muito ruim. A única razão para que eu me ocupe com ele é a passagem em que o sr. Travers "com certa veemência" pronuncia as seguintes palavras: *"Se a raça inferior perece, esse é um ganho, um passo em direção ao aperfeiçoamento da sociedade que o progresso tem por objetivo".*

Essas palavras estão na terceira parte, o que significa que Conrad deve havê-las escrito por volta da época em que estava lendo as provas de "Higginson's Dream". Os dois textos trazem a mesma sugestão, provavelmente conhecida por todos: a de que as raças "inferiores" devem ser sacrificadas em nome do "progresso".

É preciso mencionar que, no romance, quem profere essas palavras é o insuportável sr. Travers; e que essas palavras são associadas, na vastidão da costa e do mar, à "chegada da escuridão absoluta".

78

As coisas tinham dado certo para Higginson. Por volta dessa época ele estava rico e morava em Noumea, o arquipélago que havia salvado da barbárie, como tinha por hábito dizer.

Higginson tinha passado a juventude nas ilhas, feito amor com as mulheres, caçado na companhia dos jovens, aprendido a língua daquele povo — tinha vivido aquela vida, e a considerava a melhor vida possível.

Cansado de riquezas, Higginson passa a sonhar com a volta a uma pequena baía próxima a Noumea, onde na época da juventude tinha um amigo chamado Tean.

Um dia em que o champanhe parece choco e as *demi-mondaines* vulgares, ele decide ir até lá. O lugar parece ter sofrido uma estranha transformação. Parece abandonado. Higginson grita. Somente o eco responde. Ele se enfia por entre os arbustos, encontra uma cabana onde um homem cava batatas-doces e pergunta:

— *Where black man?* [Onde estão os homens negros?]
O homem apoia-se na picareta e responde:
— *All dead.* [Todos mortos.]
— *Where Chief?* [Onde está o chefe?]
— *Chief, he dead.* [O chefe, ele morreu.]

Foram essas as palavras que Conrad leu — ou melhor, não apenas leu, mas revisou — em um conto escrito pelo melhor amigo, meses antes de escrever as palavras que um dia haveriam de tornar-se a epígrafe de "Os homens ocos" de T.S. Eliot [1925]:
— *Mistah Kurtz, he dead.* [O sr. Kurtz, ele morreu.]

79

No interior da cabana, Higginson encontra o amigo de infância Tean às portas da morte. Tem início uma estranha conversa cheia de metáforas — pássaros, ratos, chuva — na qual Tean pretende explicar o que está acontecendo dentro dele, e Higginson responde como se as metáforas fossem uma realidade externa na qual é possível atirar nos pássaros e soltar o gato em cima do rato.

— Não adianta — diz Tean. — Eu morro, John, pretos todos morrem, pretas não têm filhos, o povo só cinquenta em vez de quinhentos. Todos morrem como fumaça na nuvem. O branco e o preto, não pode viver.

Nesse ponto da história, Higginson começa a blasfemar contra os deuses, a amaldiçoar o progresso e a vociferar contra a civilização (exatamente como Graham havia feito em "Bloody Niggers") em uma torrente verbal que mistura inglês e francês (exatamente como Conrad havia feito ao ler "Bloody Niggers"), para então, confuso, recordar que fora ele mesmo quem trouxera a estrada, escavara a mina, construíra o píer — fora ele, e não outro, quem abrira a ilha à civilização...

Higginson é um cosmopolita, como Kurtz — meio francês, meio inglês. Em suma, é um europeu. E, assim como Kurtz, representa um Progresso que pressupõe genocídio, uma civilização cuja mensagem é: *"exterminate all the brutes"*.

Parte III

Rumo a Arlit

80

Como vou fazer? O ônibus que chega de Tamanrasset para na fronteira da Argélia. O ônibus do Níger para em Arlit, a 280 quilômetros da fronteira. Esses 280 quilômetros precisam ser percorridos de carona — e, a não ser que você pretenda ficar esperando na própria fronteira, é uma boa ideia providenciar carona ainda em Tamanrasset.

Compro um assento num caminhão com jovens australianos rumo a Nairóbi. Partimos ao raiar do dia. A polícia carimba nossos passaportes, mas somos barrados na alfândega.

Há boatos de que o posto da alfândega pode ser transferido para In Guezzam, mas ninguém quer ir para lá. Para motivar a existência em Tamanrasset, a alfândega cria filas e problemas.

Ao meio-dia os fiscais saem para almoçar sem ter nos liberado. O sol é opressor. A luz forte bate em nossa cabeça. As filas de veículos aumentam de tamanho enquanto os fiscais almoçam. As moscas zumbem, a irritação aumenta.

Às duas e meia os fiscais retornam e sem nenhum motivo liberam a fila inteira de uma vez só. Por favor! O que vocês estão esperando?

À nossa frente estendem-se quatrocentos quilômetros de deserto sem estradas. Percorremos 120 antes que a noite caia.

O entardecer é calmo e o céu está limpo, sem vento, sem lua.

"O entardecer oferece ao viajante uma justa recompensa pelas lidas do dia", escreve Gustav Nachtigal no 12º volume dos livros infantojuvenis da P. A. Norstedt & Söner, chamado *Sahara och Sudan* [O Saara e o Sudão]. "Quando o vento cessa, o céu torna-se claro e azul profundo e enfeita-se todo com estrelas, as quais cintilam com um brilho que nos países do norte é visto somente em certas noites claras e limpas de inverno."

Uma vez eu li a respeito dessas coisas. Agora eu sei. São as estrelas que erguem o céu. O espaço é o maior deserto que existe.

81

Quando rastejamos para fora dos sacos de dormir ao raiar do dia, estamos em um trajeto pouco usado onde não há marcas recentes da passagem de outros veículos. Pode ser uma vantagem, porque a areia não se encontra tão revolta. Mas também pode ser desolador ter uma pane mecânica longe de qualquer tipo de tráfego.

E, claro, temos um problema com o gerador e somos obrigados a prosseguir com as baterias sem ter como recarregá-las.

Grupos de pedras brancas estendem-se como guano em meio à areia escura. É uma visão que vai contra a principal regra do deserto: quanto mais leve, mais claro; quanto mais escuro, mais pesado.

Às onze horas encontramos uma tuaregue numa Land Rover que nos aconselha a não avançar mais. À nossa frente erguem-se dunas intransponíveis para um caminhão pesado como o nosso. Mudamos de direção e na hora do almoço estamos de volta à "estrada grande", ou seja, de volta a um trajeto mais batido e com areia mais revolta.

Comemos sob a copa de tamarizes e a seguir avançamos em meio às infames Dunas do Leão.

No deserto há inúmeros restos de carros que ficam lá por uma eternidade, uma vez que não há umidade para corroê-los. Mas as Dunas do Leão são um verdadeiro cemitério de automóveis. Por muitos anos foi quase um esporte tentar uma travessia do deserto em carros convencionais, e essas tentativas com frequência acabavam por aqui.

O vento e a areia logo arrancam a pintura, e por fim o próprio metal da carroceria é desgastado caso as dunas semoventes já não tenham enterrado o esqueleto do veículo como antigamente enterravam os ossos dos camelos.

Andamos por esse panorama ao som constantemente interrompido de "As quatro estações" de Vivaldi, intercaladas na fita com o áudio de péssimos comediantes ingleses — daqueles que, para a alegria do público, contam que tiveram uma infância pobre durante a qual nunca comiam refeições quentes a não ser quando um filho da puta rico peidava.

Esses humoristas expressam-se principalmente através de peidos, e quando limpam a garganta sobra um monte de bosta em cima da mesa. A comédia anal tem uma estranha ligação com o medo das mulheres, o ódio às mulheres e o anti-intelectualismo:

— Meu cunhado é tão intelectual — diz ele — que se deitou para ler na noite de núpcias e nem tocou na minha irmã, a não ser para umedecer o dedo na hora de virar as páginas...

Porém no grupo há leitores que pegam um livro assim que se acomodam, e que não tiram os olhos do livro a não ser quando chega a hora de descer outra vez. Profundamente concentrados, esses leitores leem deserto afora sem conceder-lhe um único olhar.

Outros são observadores que sobem o mais alto possível a fim de ter uma boa visão e passam o tempo inteiro apontando o dedo para aves de rapina, caminhões, montanhas com formas curiosas ou tuaregues a cavalo.

Os dançarinos a bordo aumentam o volume da música o máximo possível e acrescentam o balanço e o gingado do próprio corpo aos movimentos do caminhão sobre a areia. Os fotógrafos mantêm a câmera de prontidão e vivenciam o deserto somente através das lentes.

A tarde é aborrecida e vazia de acontecimentos. Acampamos em Gra-Ekar, um agrupamento de formações montanhosas e vulcânicas que me faz pensar nos *raukar* de Gotland. As formações são profundamente sulcadas, rachadas e porosas como esponjas, mas também duras como metal e talvez mais resistentes do que tudo aquilo que outrora existiu ao redor delas. Essas coisas todas hoje desapareceram.

82

O posto da fronteira em In Guezzam tem má fama. Circulam diversas histórias em que policiais e fiscais da alfândega se aproveitam do poder quase ditatorial e inventam pretextos para mandar pessoas de volta a Tamanrasset ou mesmo para Argel. Outras pessoas dizem ter esperado ao sol desde as dez da manhã, quando o policial saiu para o almoço, até as quatro e meia, quando o mesmo policial retornou da sesta.

Estamos preparados para o pior. Eu visto um terno preto, uma camisa branca limpa e gravata e, como único falante de francês no caminhão, fui incumbido de encontrar um assunto interessante para a conversa.

Não deve ser nada divertido, penso eu, estar sozinho aqui em In Guezzam, exposto ao calor, à areia e aos riscos de infecção pelas doenças nos campos de refugiados, e ganhar apenas 31,5% de bônus, sabendo que as pessoas que trabalham na região comparativamente mais central de In Salah, 1100 quilômetros mais perto de Argel, ganharam 35% — justamente porque se encontram a uma distância maior de Tamanrasset, a capital da província. Era uma injustiça gritante, pensei eu.

Não tivemos nenhum problema com a polícia e a alfândega. Os funcionários fizeram hora extra para nos liberar antes do almoço.

Logo após a fronteira há uma região complicada de dunas. Depois a planície é tão plana que miragens fantásticas começam a aparecer. Você tem a impressão de andar por um arquipélago extenso, onde a água ao sol reluz e fascina.

83

Ao fim de duas horas de viagem, árvores de grandes proporções surgem no horizonte. Chegamos a Assamakka.

No deserto você anseia por árvores, não apenas por causa da sombra, mas também porque elas se erguem em direção ao universo. Quando o chão é totalmente plano, o céu torna-se mais baixo. As árvores erguem o céu, porque são imensas e encontram-se longe. As árvores criam espaço. E assim criam também o universo.

A polícia da fronteira funciona em uma cabana de argila que mais parece um armazém cheio de objetos deixados para trás: pneus carecas, aparelhos de rádio quebrados, trapos empoeirados, impressos amarelados, canecas rachadas, meia pantalha e um bastão. No meio da bagunça há também uma cama funcional onde o policial dorme, uma mesa funcional onde trabalha e um rádio transistorizado funcional pelo qual se comunica.

O trabalho consiste em conferir se o viajante dispõe do equivalente a 3 mil francos ou uma passagem de volta para casa.

É uma tarefa complicada dizer às pessoas que elas são pobres demais para entrar num dos países mais pobres do mundo. Para muita gente, ter a potência financeira julgada em público pode ser um assunto tão delicado quanto ter a potência sexual discutida em público.

Mas o policial faz tudo com bom humor e tato, de maneira rápida e amistosa, mesmo que não disponha de calculadora e precise converter todos os valores em francos de cabeça. Com tanta gente, naturalmente leva um bom tempo. O sol já roça o horizonte quando terminamos.

A um tiro de pedra há um bar — o primeiro desde Tamanrasset. A cerveja nigeriana custa a metade do que a cerveja argelina. Além disso, a garrafa tem o dobro do tamanho, e as garrafas parecem estar prontamente acessíveis. Um dos viajantes decide pagar duas cervejas para cada membro da companhia — e assim a festa tem início, com direito a cantorias, gargalhadas, berros, escaramuças, canções de beber e palmas.

Quando o bar fecha por volta da meia-noite, dezoito malucos ensandecidos pela cerveja correm de volta para o caminhão e partem com uma garrafa em cada mão gritando e gargalhando no escuro, por dez quilômetros, vinte quilômetros, quem sabe trinta, e a seguir param o caminhão em um ponto qualquer da areia para continuar a festa — e correm no escuro, rolam ao redor, enchem a cara, brigam, trepam, riem, soluçam e vomitam até que todos adormeçam de qualquer jeito na areia.

84

Acordo quando a lona da barraca estala como um chicote. É o vento. São quatro horas da madrugada. Tudo está coberto de areia: o saco de dormir, o bloco de anotações, a mochila e também o meu corpo. As pálpebras arranham meus olhos como se fossem lixas. O ar é pesado demais para respirar.

Sinto medo. Não tenho coragem de ficar no saco de dormir porque estou com medo de ser coberto pela areia se eu adormecer outra vez. Saio e olho para fora. A barraca se infla como um balão de ar quente e parece estar prestes a decolar. O caminhão já não está mais visível. Tudo desapareceu. O facho da lanterna não tem força contra a névoa de areia.

Me visto e enrolo o saco de dormir à minha volta, como se fosse um cobertor. As horas passam. A areia rumoreja na lona da barraca. Frases absurdas surgem na minha cabeça. Não há lugar como a nossa brasa. Janela velha é que faz comida boa. A fruta não cai longe da fé.

Ora parece que o vento amaina, ora parece que aumenta. O amanhecer não faz nenhuma diferença, porque o ar continua impenetrável. Sinto-me como que cercado por muros. O medo chega aos poucos.

Limpo a areia na minha boca com o cantil e molho os dedos para que eu possa limpar também o interior das minhas narinas. Sou um felizardo por ter água à minha disposição. Você não sabe que está havendo racionamento? Quem me dera ter um copo de água funeral!

São nove horas. Tento me lembrar do lugar exato onde o caminhão estava. Todos os que estudam tempestades de areia concordam que esses fenômenos são mais perigosos ao nível do solo. É rente ao chão que a areia mais pesada voa como um cobertor alado. Os grãos de areia mais leves são empurrados para a frente. O que se ergue é apenas o pó.

Quando esse pó é soprado para longe, a areia continua a mover-se pelo chão como uma nuvem densa e baixa, com um limite superior muito claro. [Ralph Alger] Bagnold afirma que muitas vezes é possível ver ombros e cabeças para fora dessa linha, como se as pessoas estivessem na água. Quando o chão é de areia grossa ou de pedra, a nuvem pode ter até dois metros de altura, mas quando o chão é de areia fofa a nuvem costuma ser consideravelmente mais baixa.

Nesse caso a altura do caminhão pode ser a minha salvação! Se me lembro bem, ele não pode estar a mais de dez metros. No máximo vinte. No alto do caminhão talvez eu pudesse tirar a cabeça da nuvem e respirar outra vez. Com certeza os outros já devem estar por lá! Nobreza, clero, hambúrguer e ketchup. E todos os demais. Eu também quero subir lá!

Mas e se eu não conseguir? Se eu não encontrar o caminho de volta? Todas as autoridades no assunto dizem que não se deve fazer deslocamentos numa tempestade de areia, mas apenas permanecer onde se está. Eu permaneço. A embaixatriz Fredrika von Friesen se abaixa e escapa por um triz. Mas eu fico onde estou. Não há lugar como a nossa brasa. Eu permaneço. Deus meu, Deus meu, por que exageraste?

De repente, da mesma forma como a cabana de Anders Persson surge na sonata para piano em dó maior de Schubert, percebo que aquele é o meu instante derradeiro. Que é aqui que eu vou morrer.

Morrer de overdose de heroína num banheiro em Stockholm City ou de overdose de romantismo desértico em uma tempestade de areia no Saara são duas coisas igualmente estúpidas. Ei, o meu nome é Hare e eu sou krishna! Será que Darwin pode viver?

85

"*L'homme est entré sans bruit*", diz Teilhard de Chardin sobre o nascimento da história.

O homem chegou sem fazer barulho. Entrou sem bater. Apareceu sem alarde. Chegou de mansinho.

E como ele se foi? De mansinho?

Seda, veludo, trapo, acaso. De que adianta gritar?

O jeito é esperar até que tudo acabe.

86

A morte não fez parte da minha formação.

Em doze anos na escola e quinze anos em diferentes universidades, nunca tive nenhum tipo de formação na arte de morrer. Acho que a morte sequer foi mencionada.

E mesmo agora, depois que chegamos a Arlit e eu dormi bastante e tomei um banho e enchi os reservatórios do corpo com canecos e mais canecos d'água — mesmo agora que o medo ficou para trás, parece estranho que a morte nunca tenha sido mencionada.

Ou melhor, uma vez foi. Um filósofo norueguês chamado Tønnessen estava dando aulas como convidado na disciplina de filosofia prática. Ele disse:

Nascer é saltar de um arranha-céu.

Viver é cair o tempo inteiro rumo à morte.

A morte é a única certeza na vida.

A morte é a única coisa com que devemos nos preocupar.

Pensar em qualquer outra coisa é fugir da realidade.

A sociedade, a arte, a cultura, toda a civilização humana, tudo é fuga da realidade, um autoengano coletivo que tem por objetivo nos levar a esquecer que o tempo inteiro estamos caindo pelo ar e a cada instante chegamos mais perto da morte.

Uns se chocam contra o chão em poucos segundos, outros em dias, outros em anos — mas não importa, o momento não importa, o que importa é que existe um fim único que nos espera a todos.

— E qual é a conclusão disso? — eu perguntei. — O que fazer nesses sete segundos ou sete décadas que nos restam?

Tønnessen, se bem me lembro, recomendou a passividade absoluta. Não devíamos fazer nada, porque independentemente das nossas atitudes, não tínhamos como evitar a morte que subtraía o sentido de tudo aquilo que fazíamos ao longo do caminho.

Era uma conclusão com a qual eu não podia concordar.

Acredito que havia uma falha na metáfora de Tønnessen. Se uma pessoa salta de um arranha-céu e tem apenas sete segundos de vida — bem, nesse caso não faz muito sentido tentar fazer qualquer coisa.

Mas a vida não é como saltar de um arranha-céu. Não temos sete segundos, mas sete décadas. É o suficiente para viver e fazer inúmeras coisas.

A brevidade da vida não deve nos paralisar, mas, pelo contrário, impedir-nos de viver a vida de maneira diluída.

A tarefa da morte é obrigar-nos ao essencial.

Era assim que eu pensava antes dos meus trinta anos, quando ainda tinha bastante tempo até bater na calçada. Eu nem ao menos via a calçada.

Mas agora que já consigo vê-la, sinto que vou cair de mau jeito.

E assim percebo as falhas na minha formação. Por que nunca aprendi a morrer?

A descoberta de Cuvier

*"The less intellectual races being exterminated"**

87

No dia 27 de janeiro de 1796, o jovem e ambicioso Georges Cuvier, então com 26 anos e recém-chegado a Paris, deu a primeira palestra no recém-aberto Institut National de France.[1]

Cuvier mostrou-se um orador convincente e arrebatador. Aquela era uma oportunidade única de fazer o nome no mundo científico, e também na sociedade de Paris, que se acotovelava para assistir a palestras científicas — desde que fossem sensacionais o bastante.

Cuvier foi sensacional. Falou sobre mamutes e mastodontes. Resquícios desses enormes animais similares a elefantes tinham sido recém-descobertos na Sibéria e na América do Norte. Cuvier demonstrou que esses animais não pertenciam à mesma espécie dos elefantes indianos ou africanos, mas constituíam uma espécie própria, já extinta.[2]

---

* No original, em inglês: "As raças menos intelectuais sendo exterminadas".

88

Já extinta — foi essa parte que fez o público se arrepiar.

O século 18 acreditava em um universo criado pronto, ao qual nada podia ser acrescido. E — o que talvez fosse ainda mais importante para o sossego da humanidade — ao qual nada podia ser subtraído. Todas as criaturas que Deus outrora havia criado na Terra continuavam a existir, e não tinham como desaparecer.

Mas como explicar nesse caso os enormes resquícios ósseos e as estranhas pedras em forma de animais que causavam perplexidade desde os tempos antigos? Por muito tempo os cientistas evitaram a ideia angustiante de que aqueles poderiam ser resquícios deixados por espécies animais extintas.[3] "Se um único elo na cadeia da natureza se parte", escreveu Thomas Jefferson, vice-presidente dos Estados Unidos, em 1799, "então os elos subsequentes podem partir-se um atrás do outro, até que toda a ordem das coisas se perca, um pedaço de cada vez."

Esse foi o temor que Cuvier despertou e estimulou.

89

A ideia de que poderia haver espécies extintas despertava uma resistência tão profunda que foi preciso mais de um século para que fosse aceita.

No ano de 1700, [Bernard Le Bouyer de] Fontenelle apresentou uma insinuação cautelosa de que talvez houvesse *"espèces perdues"* — espécies que a natureza havia "perdido".

Meio século mais tarde, [Georges-Louis Leclerc] Buffon mencionou em seu *Théorie de la Terre* [Teoria da Terra] uma *"espèce disparue"* — uma espécie "desaparecida". Talvez ela tenha se perdido e jamais encontrado o caminho de volta para casa.

Mas Cuvier não falava como se a natureza tivesse sido descuidada. Ele falava como se discorresse sobre um crime, um massacre. As espécies extintas para ele não eram perdidas ou desaparecidas, mas "*détruits*" — destruídas, mortas, não uma por uma, porém em massa, por enormes catástrofes que se repetiram ao longo do tempo, as quais Cuvier havia feito questão de chamar de "revoluções terrestres".[4] Essa ideia causou uma impressão muito forte no público que tinha acabado de viver a Revolução Francesa.

O que o cidadão Cuvier fez naquele dia, que no linguajar da revolução era o dia primeiro de Pluvioso do ano 4, foi mostrar que o Período do Terror representado pela Revolução Francesa, a que o público havia sobrevivido com enormes dificuldades enquanto inúmeras outras famílias antigas e elegantes tinham sido aniquiladas, tivera uma correspondência geológica que para sempre aniquilara parte dos maiores animais que existiam antigamente.

Mas isso não era tudo. Cuvier terminou fazendo previsões de que as novas espécies, que haviam tomado o lugar das espécies extintas, também seriam mais cedo ou mais tarde aniquiladas e substituídas por outras.

90

Cuvier avançou depressa. Tornou-se o Napoleão da ciência. Mas era também muito cético em relação à hierarquia, o que é uma característica incomum a pessoas em situação de poder. A crença na "escada" da natureza era para ele o maior equívoco científico de todos os tempos. Em suas lições de anatomia comparada, Cuvier escreve:

Colocar uma espécie ou uma família à frente da outra não pressupõe que esta seja mais perfeita ou superior às outras no sistema da natureza. Somente aquele que se acredita capaz de ordenar todos os organismos em uma única sequência pode ter essa pretensão. Quanto mais avanço no estudo da natureza, mais convencido estou de que essa é a noção mais inverídica já apresentada na história natural. É necessário observar cada organismo e cada grupo de organismos em si mesmo...[5]

Ao escolher um órgão definido, seria possível construir longas séries das formas mais simples às mais complexas e mais perfeitas. Mas as hierarquias revelavam-se diferentes a depender do órgão escolhido. Em vez de uma única "escada", Cuvier observou uma "rede" de relações entre as criaturas, que sempre apresentavam um ou mais traços comuns. Apenas mediante uma seleção arbitrária seria possível estabelecer qualquer tipo de hierarquia nessa rede.

Cuvier sabia disso. Mesmo assim, o ordenamento aparentemente hierárquico manteve uma influência sobre ele. Na obra em dezesseis volumes *Le Règne animal* [O reino animal, 1827-35], ao dividir a humanidade em três raças, Cuvier esqueceu-se de que não havia hierarquia.

Sobre a raça negra, escreve que, em razão do maxilar protuberante e dos lábios grossos, aproxima-se dos macacos. "Os grupos que compõem essa variante da espécie humana mantiveram-se sempre em um estado de absoluta barbárie."

91

Na hierarquia medieval, a humanidade era única e indivisível, criada por Deus à Sua imagem e por Ele colocada no mais alto patamar da escada da criação.

O primeiro a dividir a humanidade abstrata da teologia medieval em diferentes espécies, entre as quais umas eram mais próximas dos animais que outras, foi William Petty. "No caso dos seres humanos também há várias espécies", escreveu Petty em *Of the Scale of Creatures* [Sobre a escada das criaturas, 1676]. "Estou convencido de que os europeus diferem dos africanos mencionados supra não apenas na cor [...] mas também [...] nas características internas do cérebro."

Aqui as pessoas são divididas não apenas em nações ou em povos, mas também em espécies biologicamente distintas. Essa observação passou meio em branco, sem despertar grande interesse.

No início do século 18 o anatomista Edward Tyson saiu em busca do elo perdido na hierarquia das criaturas. No livro *Orang-Outang; or, the Anatomy of a Pygmie* [Orangotango, ou A anatomia do pigmeu, 1708], Tyson demonstra que, entre todos os animais, o que tem o corpo mais semelhante ao do homem é o macaco, e que entre todos os homens o mais semelhante ao macaco é o pigmeu. Tyson classificou o pigmeu como um animal, "*wholly a brute*" ["um animal completo"], porém tão próximo do homem que, "na cadeia da criação, eu colocaria o pigmeu como o elo que liga o macaco ao homem".

No caso de Tyson tampouco houve qualquer tipo de embate. Somente no fim do século 18, quando os europeus estavam prestes a dominar o mundo, a ideia de uma hierarquia das raças foi levada a sério.

Em 1799, mesmo ano em que a primeira palestra de Cuvier foi impressa, um médico de Manchester chamado Charles White apresentou a primeira hierarquia das raças detalhada e ilustrada: *An Account of the Regular Graduations in Man* [Um relato das gradações regulares no homem]. White "prova" que os europeus estão acima de todas as outras raças:

Onde, senão no europeu, podemos achar essa cabeça nobre e arqueada, que encerra uma grande quantia de massa encefálica [...]? Onde o rosto vertical, o nariz saliente e o queixo arredondado e protuberante? Onde essa variação nos traços e essa expressividade consumada [...], essas bochechas róseas e esses lábios de coral?[6]

Nessa tese, sobretudo a ilustração usada por White — uma sequência de perfis com um macaco e um nativo entre um avestruz e um europeu — teve um impacto gigantesco. Na minha infância essas coisas ainda eram comuns. E mesmo no momento da criação parece ter obtido um poder de persuasão quase irresistível, que durante todo o século 19 continuou a ganhar força à medida que a tecnologia armamentista dos europeus se desenvolvia.[7]

92

Sou chamado para o serviço militar. As ordens chegam em tons pastel, deliciosas, como se ilustrassem uma receita de peixe do Wedholm. O segundo plano tem cor de areia, como uma duna, e é decorado com conchas escuras de mexilhões. O prato em si é azulado, com tons lilás. Examino-o mais de perto e percebo que é um cadáver. Sou eu mesmo, morto, terrivelmente inchado e desfigurado.

93

Segundo Cuvier, existe uma única situação que impede as forças químicas e físicas de desfazer o corpo humano nos elementos que o compõem. Essa situação chama-se "vida".

Para Cuvier, a situação da vida acabou em 1832, durante a primeira grande epidemia de cólera que assolou a Europa. Todos os filhos dele morreram. A linhagem dos Cuvier foi extinta.

Balzac homenageou-o em *A pele de Onagro* [1831]. Vocês já se deixaram lançar na infinidade do tempo e do espaço pelas obras geológicas de Cuvier?, pergunta Balzac. Não seria Cuvier o maior poeta de nossa época? Ele invoca o extermínio, a morte torna-se viva, e numa espécie de apocalipse retrospectivo vivenciamos a assustadora ressurreição de mundos já mortos — e "a fagulha de vida que nos foi concedida na infinitude do tempo já nada tem a oferecer que não sofrimento".

Foi assim que Cuvier capturou a imaginação daquela época. Ele fez a autópsia da própria morte e demonstrou que ela não tem apenas caráter pessoal, mas aniquila linhagens inteiras. Ele levou os parisienses aos depósitos de calcário, onde todos puderam ver um gigantesco túmulo comunal repleto de criaturas extintas. E, assim como aquelas criaturas haviam perecido, nós, os sucessores, também haveríamos de perecer. Nosso futuro podia ser lido no chão que pisamos.[8]

Foi uma grande contribuição científica. Cuvier não pode ser culpado pelo fato de que, após sua morte, essa contribuição tenha sido associada ao pensamento hierárquico que ele mesmo percebeu e rejeitou com veemência, mesmo que o tenha por vezes adotado. E assim surgiu um novo e letal pensamento, que pode ser resumido na frase "exterminem todos os malditos".

94

No dia 23 de fevereiro de 1829, o jovem geólogo britânico Charles Lyell escreveu uma carta em que descreve uma visita feita a Cuvier. Ele demonstra uma profunda admiração pela organização perfeita no estúdio de Cuvier. Na verdade, a mania de organização era a grande fraqueza do mestre.

Ele tinha recebido uma educação rígida em casa e também na escola. E o caos da revolução tinha acirrado essa necessidade de organização que ele já trazia consigo.

Ao longo de toda a vida, Cuvier estudou as consequências de catástrofes avassaladoras nos fósseis. Ao longo de toda a vida, procurou paz e estabilidade. A natureza, assim como a sociedade, estava sujeita a leis implacáveis. A metamorfose o assustava. Era parte da natureza de Cuvier preferir a destruição à transformação.[9]

A Revolução Francesa foi a vivência-chave na juventude de Cuvier. Lyell, por outro lado, tinha sido marcado pela Revolução Industrial na Inglaterra. Ele tinha assistido a uma profunda mudança na sociedade, causada não por uma única catástrofe violenta, mas por milhares de alterações pequenas e quase insignificantes quando vistas individualmente.

Lyell escreveu a obra clássica de geologia britânica do século 19, *Princípios de geologia* [1832]. Nesse livro ele transfere as percepções que teve da sociedade para a história geológica da Terra. Nunca houve catástrofes. Todos os fenômenos geológicos podem ser explicados como resultado dos mesmos processos lentos que hoje podemos ver ao nosso redor: erosão, deposição, soerguimento, subsidência.

Mas e as extinções em massa?

Segundo Lyell, as espécies extintas também pereceram por força de transformações igualmente lentas e graduais nas condições em que viviam: enchentes e secas, acesso limitado a alimento, propagação de espécies concorrentes. Os lugares vazios foram ocupados pela migração de espécies mais bem-adaptadas às transformações.[10]

A principal razão para a morte de uma espécie é, portanto, a incapacidade de se adequar e de se adaptar quando surgem condições adversas. Essas foram as coisas observadas por Lyell durante a Revolução Industrial; e a partir de então ele começou a vê-las na natureza.

95

Em Arlit, onde agora escrevo no quarto do hotel, tenho a visão repentina de um homem que chega carregando uma moldura vazia.

As cenas que costumo ver pela minha janela são muito diferentes. A mulher na esquina que faz panquecas em óleo verde numa chapa preta com profundas depressões redondas. O vendedor de chá que pega o braseiro para ferver a água. Os meninos que brincam de orquestra com gravetos e galões vazios. Em relação a Tamanrasset, o ritmo em Arlit é muito diferente — ao mesmo tempo mais lento e mais ativo, porque menos tenso.

São essas as cenas que costumo ver pela minha janela. Mas de repente aparece um negro alto trajado com um manto branco que traz uma pesada moldura dourada.

O objeto emoldura o próprio homem que a carrega. Somente os pés e a cabeça estão do lado de fora.

É estranho ver como a moldura o separa, o destaca, o eleva.

Quando se detém por um instante a fim de trocar o peso de ombro, tenho a impressão de que ele sai para fora da moldura. Como se fosse a coisa mais trivial do mundo.

96

Mesmo nos documentários mais autênticos há sempre um personagem fictício — o narrador.

Eu nunca criei um personagem mais fictício do que o eu-pesquisador na minha tese de doutorado. Trata-se de um "eu" que começa em um estado de insapiência fingida e aos poucos atinge o conhecimento, não da maneira tortuosa e aleatória como eu de fato o atingi, mas passo a passo, prova a prova, tudo conforme as regras.

"Cuvier", "Lyell", "Darwin" — todos esses são, em suas próprias obras, personagens fictícios. As sagas que narram como fizeram suas descobertas não passam de sagas, porque nada dizem sobre eles próprios. A omissão dos aspectos pessoais faz do eu-cientista uma ficção sem nenhum correspondente na realidade.

A realidade que "eu" vivencio no deserto é autêntica, mesmo que seja condensada. Eu realmente me encontro em Arlit. Vejo esse negro com a moldura dourada. Mas não posso — em razão da natureza das coisas — sair da moldura.

Assim que eu, como leitor, vejo a palavra "eu" ser usada (ou evitada, pois mesmo evitá-la é uma forma de uso), sei que tenho diante de mim um personagem fictício.

97

Darwin levou consigo os *Princípios* de Lyell quando fez a viagem no *Beagle*.

Na primavera de 1834 ele estava na Patagônia, onde encontrou resquícios de animais gigantescos que tinham vivido em períodos geológicos tardios.

Nenhum soerguimento e nenhuma subsidência tinham ocorrido desde então. Nesse caso, o que teria acabado com tantas espécies, e até mesmo com famílias inteiras?

"Inicialmente se pensa em uma catástrofe", escreve Darwin, em uma referência clara à teoria proposta por Cuvier, "mas para exterminar os animais do sul da Patagônia até o estreito de Bering seria preciso estremecer as fundações da Terra."

Um exame geológico não traz nenhum indício de que um sismo dessa magnitude possa ter ocorrido.

E quanto à temperatura? Darwin responde com mais uma pergunta: Que alteração de temperatura poderia exterminar a vida animal em ambos os lados do equador, tanto em regiões tropicais como árticas?

"A bem dizer, nenhum fato na longa história do mundo é tão espantoso quanto a repetida e abrangente aniquilação de seus próprios habitantes."

Mas, segundo Darwin, vista sob outra perspectiva, a aniquilação é menos surpreendente. Nos casos em que a humanidade extermina uma determinada espécie em uma determinada região, sabemos que a espécie se torna mais rara para a seguir extinguir-se. Que uma espécie seja rara não causa espanto, tampouco o fato de que aos poucos se torne ainda mais rara — por que então nos espantamos ao pensar que o último espécime também morre?

98

Segundo Darwin, o estudo dos fósseis é capaz de esclarecer não apenas a aniquilação de criaturas vivas, mas também o surgimento delas.

Ele já sabia disso. A questão era compreender o que sabia e tirar conclusões.

No mundo de Cuvier, há no início um momento de criação, em que a vida surge, e no fim um momento de aniquilação, em que a vida se extingue. Lyell destruiu essa simetria ao substituir a catástrofe aniquiladora por uma série de causas pequenas distribuídas ao longo do tempo.

Mas, se admitirmos que antigas espécies podem se extinguir em consequência de um processo lento e natural, chegamos perto da ideia de que novas espécies também podem surgir da mesma forma, em consequência das mesmas causas naturais responsáveis pela aniquilação dos antecessores. Se a extinção não exigia uma catástrofe, por que o surgimento exigiria uma criação?

Foi essa a lógica que passo a passo fez com que Darwin avançasse pelo caminho que o levou a *A origem das espécies*, em 1859.[11]

99

Cuvier brigou a vida inteira com o colega Lamarck. A questão era: as espécies se transformam?

Lamarck acreditava nessa transformação sem ter descoberto o mecanismo responsável — a seleção natural. Cuvier, por outro lado, afirmava que as espécies eram imutáveis.

Esse ponto de vista era apresentado por um motivo científico forte: se as espécies animais tinham se desenvolvido umas a partir das outras, então devíamos ter encontrado, em algum lugar, as formas intermediárias entre as espécies extintas e as espécies vivas; como essas formas não tinham sido encontradas, a hipótese transformativa estava errada, segundo Cuvier.

Darwin levou a objeção feita por Cuvier muito a sério. Se não houvesse refutação, toda a teoria evolutiva devia ser rejeitada, ele escreveu.

Mas Darwin imaginou ter uma explicação: as formas intermediárias tinham existido, mas foram suplantadas por espécies novas e mais bem-adaptadas tão depressa que não chegaram sequer a deixar traços de sua existência no material geológico ("*the geological record*") antes de sucumbir na luta pela existência.

Darwin imaginava que essa luta atingiria o grau máximo entre as formas mais parecidas umas com as outras. "E assim os descendentes modificados e melhorados de uma determinada espécie levam a espécie originária à extinção."

A explicação para a ausência das formas intermediárias, portanto, é, segundo Darwin, um parricídio biológico. Ao contrário da revolução, a evolução não devora os próprios filhos; são os pais que se veem extintos.[12]

100

Numa carta escrita a Lyell em 1859,[13] Darwin apresenta a ideia de que esse mesmo processo talvez ocorresse também entre as raças humanas, "com o consequente extermínio das raças menos intelectuais" ("*the less intellectual races being exterminated*").

Em *A origem do homem* [1871], Darwin tornou públicas suas convicções. Hoje existem, entre os macacos e os homens civilizados, formas intermediárias como os gorilas e os selvagens, ele afirma no capítulo 6. Mas essas formas intermediárias estão em processo de extinção. "Em um futuro que, contado em séculos, não há de ser muito longo, as raças dos homens civilizados sem dúvida devem extinguir e substituir as raças selvagens mundo afora."

Da mesma forma, os gorilas também serão extintos. Uma lacuna ainda maior do que aquela que hoje existe entre os gorilas e os "negros australianos" deve se abrir no futuro entre os primatas inferiores e os homens do futuro, ainda mais civilizados.

A lacuna, é claro, será deixada por aqueles que foram extintos.

Rumo a Agadèz

*"Dashing out their brains"**

101

Na estação de ônibus em Arlit eu viro para o homem de véu que está ao lado do portão e pergunto:

— O guichê está aberto?

— Primeiro nos cumprimentemos com um "bom dia" — responde o nativo em tom de leve reprimenda. Naturalmente ele não imagina que a espécie a que pertence vá se extinguir, ou pelo menos não dessa forma.

Passamos um tempo trocando repetidos "*Ça va? Ça va bien. Ça va?*". Depois ele me informa que o guichê infelizmente está fechado. Melhor sorte da próxima vez!

Na vez seguinte eu consigo comprar uma passagem. A seguir largo minha bagagem no chão, vou à delegacia no outro lado da cidade, mostro meu bilhete, pego meu passaporte e volto para a estação, onde minha bagagem está sendo colocada no teto do micro-ônibus junto com barris oleosos, várias sacas de sementes e uma tenda de mercado completa, que inclui até

---

* No original, em inglês: "Arrancando o cérebro deles".

mesmo as hastes para estender a lona do teto, um balcão de exposição e todo o sortimento de mercadorias preso em um fardo. E além disso uma cabeça de camelo seca, com os olhos vazados.

Depois os passageiros são carregados. Há três bancos: um para mulheres, um para negros e um para tuaregues. Eu sou acomodado junto com os tuaregues. São espremidas lá dentro 32 pessoas. Enquanto for possível passar a língua nos lábios ainda tem espaço. Os motoristas fazem o ônibus pegar no tranco, empurram, correm atrás dele, jogam-se para dentro e em seguida fecham as portas.

São 250 quilômetros até Agadèz. O chão é feito de lajes de pedra. O deserto descasca feito pele seca. Depois chegam os primeiros sinais da grama fina e pálida da estepe, o sal na língua, acumulado nas depressões, loiro, da cor da palha, reluzente como a penugem de um braço.

Reconheço-os da planície de Öland e dos depósitos calcários abandonados de Gotland. Há uma luz naquela grama curta, branca e rala que me faz sentir uma enorme felicidade.

Em meio àquela desolação, estamos sentados muito perto uns dos outros, corpo a corpo, respiração a respiração. Meninas tuaregues magras usando véus roxos, com cílios longos e pretos, envoltas em absoluto silêncio, rodeadas por aqueles que sorriem e gargalham com vontade, por traseiros volumosos e mulheres rechonchudas e variegadas.

Seriam esses os selvagens que Darwin imaginou que nós, brancos civilizados, haveríamos de exterminar? É difícil imaginar quando você está sentado ao lado deles no micro-ônibus.

102

O Hotel de l'Air em Agadèz outrora foi o palácio do sultão. O lugar é famoso pelo salão de jantar, com quatro pilares enormes que mal podem ser abraçados por dois homens, e também pelos quartos sempre escuros, todos com acesso individual ao ar fresco do entardecer no terraço.

De lá eu olho para o mercado, onde um Peugeot 504 de repente para. Dois rapazes em ternos elegantes saem do carro e se aproximam de um homem mais velho sentado atrás de uma escrivaninha revestida de latão e decorada com duas cartas dispostas em cruz. Os dois se agacham em meio à areia e esperam que o velho termine de escrever as cartas para eles.

Quem aqui está condenado à extinção? Os jovens analfabetos de roupas vistosas? Ou o velho letrado?

O homem se apoia contra o minarete de dezessete andares de altura, com vigas expostas como se aquele fosse um fruto espinhoso. O minarete tem uma escada em espiral tão estreita no topo que já não é mais possível voltar atrás. Todos precisam terminar de subir antes que se possa descer.

O sol brilha nos pequenos espelhos circulares que decoram as cabeceiras do vendedor de móveis. Tamarizes carcomidos pelo sal projetam uma sombra estreita.

O primeiro vento noturno traz consigo o som de carvão vegetal e o rumor do moinho que começou a moer antes da refeição vespertina. O Chez nous na esquina já abriu as portas, e o Au bon coin e o Bonjour Afrique em breve devem abrir.

Amanhã cedo pretendo continuar. O problema que tenho à minha frente é o seguinte:

Cuvier aterrorizou a época em que vivia ao provar que uma espécie pode ser extinta. Setenta e cinco anos depois foram poucos os que ergueram a sobrancelha quando Darwin, a maior autoridade em biologia, constatou que raças humanas inteiras também estão fadadas à extinção.

O que foi que aconteceu? Quem eram os "tasmanianos" de Wells? Quem eram os "guanches"?

103

Os guanches foram um povo altamente desenvolvido que falava berbere — o primeiro povo a ser destruído pela expansão europeia. Era um povo de origem africana que, no entanto, morava nas "ilhas felizes", hoje Ilhas Canárias, e havia perdido o contato com o continente. A população estimada era de 80 mil habitantes — antes da chegada dos europeus.

Em 1478, Fernando e Isabel enviaram uma expedição militar equipada com cavalos e canhões à Gran Canária. As planícies foram rapidamente conquistadas pelos espanhóis, mas nas montanhas os guanches resistiram com uma dura guerrilha. Em 1483, finalmente capitularam seiscentos guerreiros e 1500 mulheres, crianças e velhos — todo o restante de uma população outrora muito numerosa.

La Palma capitulou em 1494. Tenerife aguentou até 1496. Por fim uma nativa solitária deu o sinal para que os espanhóis se aproximassem. "Já não havia mais ninguém para lutar, ninguém para temer — estavam todos mortos."

Essas palavras tornaram-se uma lenda. Permaneciam vivas quatro séculos mais tarde, quando Graham escreveu "Higginson's Dream".

Nem os cavalos nem os canhões foram responsáveis por definir os rumos da batalha. As bactérias venceram. Os nativos chamavam a moléstia desconhecida de "modorra". Dos 15 mil habitantes de Tenerife, não mais do que um punhado sobreviveu.

A floresta foi derrubada, a flora e a fauna foram europeizadas, os guanches perderam a terra e, por extensão, o sustento. A modorra retornou por diversas vezes: a disenteria, a pneumonia e as doenças venéreas deixavam uma trilha de destruição.

Os que sobreviviam às doenças acabavam morrendo em consequência da própria sujeição — a perda de amigos e parentes, da língua e do estilo de vida. Quando visitou La Palma em 1541, Girolamo Benzoni encontrou um único guanche de 81 anos que passava o tempo inteiro bêbado. Os guanches haviam perecido.

Esse arquipélago no Atlântico foi o jardim de infância do imperialismo europeu. Lá, a turma aprendeu que os europeus, juntamente com as plantas e os animais da Europa, dão-se bem mesmo em lugares onde não ocorrem naturalmente.

Aprenderam que, ainda que estejam em superioridade numérica e ofereçam uma resistência encarniçada, os nativos podem ser derrotados e até exterminados — mesmo que ninguém saiba explicar direito como.[1]

104

Quando tomaram o rumo do oriente durante as Cruzadas nos séculos 12 e 13, os europeus descobriram povos que lhes eram superiores em cultura, astúcia diplomática, conhecimento técnico e, como se não bastasse, experiência com epidemias. Milhares de cruzados morreram em razão da inferioridade bacteriológica.

Quando os europeus partiram rumo ao ocidente no século 15, foram eles próprios os arautos das bactérias superiores. As pessoas morriam por onde quer que os europeus passassem.

Em 1492 Colombo chegou à América. A extensão daquilo que se convencionou chamar de "catástrofe demográfica" ocorrida na sequência foi interpretada de forma distinta por diferentes pesquisadores. O certo é que até então a história humana não tinha precedentes para o que aconteceu.

Segundo os cálculos mais atuais, estima-se que, no momento em que Colombo chegou, a América devia ter uma população aproximadamente igual à da Europa — mais de 70 milhões de pessoas.[2]

Durante os três séculos seguintes, a população mundial aumentou 250%. A Europa foi o continente que mais cresceu — a uma taxa de 400% a 500%. A população dos nativos na América, por outro lado, *diminuiu* 90%-95%.

A catástrofe demográfica foi mais rápida e mais profunda nos lugares mais densamente povoados da América Latina que fizeram os primeiros contatos com os europeus: o Caribe, o México, a América Central e os Andes. Somente no México havia 25 milhões de pessoas quando os europeus chegaram em 1519. Cinquenta anos depois, esse número havia caído para 2,7 milhões. Passados mais cinquenta anos, havia 1,5 milhão de nativos. Mais de 90% da população originária tinha sido exterminada ao longo de cem anos.[3]

Mas a maior parte dessa população não morreu em batalha. Morreu de doença, fome e condições de trabalho desumanas. A organização social dos nativos tinha sido destruída pelos conquistadores brancos, e na nova ordem social apenas uma diminuta parcela dos habitantes nativos era utilizável. Como força de trabalho, os nativos ofereciam um serviço de baixa qualidade para os brancos. E havia bem mais nativos que esse pequeno contingente passível de exploração pelos brancos.

Com frequência a causa direta da morte era doença, mas a razão subjacente era o fato de que os nativos eram numerosos demais para ter valor econômico na organização social dos conquistadores.[4]

Seria possível defender uma conquista de consequências trágicas como essa? Esse passou a ser um importante tema de discussão entre os intelectuais espanhóis do século 16. A discussão chegou tão longe que, em 16 de abril de 1550, Carlos V proibiu novas conquistas à espera de um debate sobre a plausibilidade das justificativas — "uma atitude sem paralelo na história da expansão ocidental", segundo Magnus Mörner.[5]

O debate ocorreu em Valladolid em agosto de 1550 diante de um tribunal formado por juristas renomados que não conseguiram chegar a um veredito unânime.

E de que adiantaria? Nenhum veredito no mundo teria levado os conquistadores espanhóis a fazer aquilo que consideravam ser trabalho para os nativos. Nenhum veredito os teria impedido de tratar os nativos como criaturas inferiores, obrigadas mediante o uso da força a render-se frente aos superiores naturais. O fato de que os nativos morriam de causas desconhecidas era lamentável, mas aparentemente inevitável.

105

Adam Smith formulou a regra que estabelece as condições para a força de trabalho:

"A demanda por homens, assim como a demanda por todas as mercadorias, regula a produção de homens; e assim a acelera quando anda muito devagar, e a desacelera quando anda muito depressa."[6]

Essa lei, é claro, também se aplica aos nativos. Eles continuaram a morrer até que houvesse falta de mão de obra local na América Latina. A partir de então essa força de trabalho passou a ser considerada valiosa. Uma série de mecanismos sociais foi implantada a fim de preservar os nativos remanescentes, promover vínculos com as unidades econômicas onde eram necessários e utilizar aquela força de trabalho de forma racional. Durante o século 17 a população nativa aos poucos começou a subir.

No meio do século 19, as inovações técnicas e econômicas que saíam da Europa chegaram à América Latina. A consequência disso foi a maior demanda por matéria-prima e alimentos vindos da América Latina. A população aumentou mais depressa que antes, e a força de trabalho disponível passou a ser ainda mais explorada.

A população continuou a crescer depressa. Ao mesmo tempo, as inovações técnico-econômicas da Europa, que por um tempo haviam criado uma necessidade maior de força de trabalho na América do Sul, em décadas mais recentes passaram a demandar menos força de trabalho.

Não resta nenhuma dúvida de que essa tendência continua — e precisa continuar para que as economias sul-americanas se desenvolvam no interior do único sistema econômico que hoje existe.

A indústria se automatiza para manter-se competitiva nos mercados internacionais. As grandes propriedades rurais são mecanizadas ou dão lugar à pecuária extensiva. Uma parcela cada vez maior da população, também cada vez maior, torna-se inadequada ou excessiva na perspectiva do empregador.

106

Será que as leis de Adam Smith já não se aplicam mais hoje? Será que uma sociedade que não preserva o direito ao trabalho pode, no futuro, preservar o direito à vida?

Para mim, parece muito simbólico que parte das condições decisivas para a catástrofe demográfica no século 16 hoje estejam presentes na América do Sul, bem como em várias outras localidades mundo afora.

A pressão dos bilhões de famintos e desesperados ainda não se tornou forte o bastante para que os poderosos do mundo passem a ver a solução de Kurtz como a única humana, a única possível, a única que no fundo é óbvia. Mas esse dia não está muito longe. Eu o vejo cada vez mais próximo. É por isso que estudo história.

107

Encontro-me em um túnel ao lado de várias outras pessoas. Movimentamo-nos com uma lentidão insuportável no escuro. Disseram que vamos chegar a um lugar qualquer mais adiante, mas precisamos subir um de cada vez ao longo de uma estreita escada em espiral. O ponto de entrada é bem mais largo que o ponto de saída — por isso o túnel é tão apertado. Houve quem ficasse parado por dias a fio, avançando somente uns poucos metros. O próprio [Thomas] Malthus subiu nos canos sob o teto para evitar a multidão ao nível do solo. A irritação se transforma em apatia e desespero. Sob a superfície, o pânico começa a vibrar.

108

Cerca de 5 milhões de nativos americanos viviam naquilo que hoje são os Estados Unidos. No início do século 19 restava pouco mais de meio milhão. Em 1891, na época de Wounded Knee — o último grande massacre de indígenas nos Estados Unidos —, a população nativa atingiu o nível mais baixo: 250 mil, ou 5% da população original indígena.

O morticínio dos nativos durante a conquista lançada pela Espanha foi explicado no mundo anglo-saxônico com menções à célebre crueldade e sede de sangue dos espanhóis. Quando o mesmo fenômeno se repetiu durante a colonização anglo-saxônica da América do Norte, outra explicação tornou-se necessária. A princípio acreditou-se em intervenção divina.[7]

"Aonde o inglês chega para estabelecer-se, a Mão Divina abre-lhe um caminho, afastando ou fazendo tombar os índios, seja por meio de guerras entre diferentes tribos ou por meio de uma doença mortal", Daniel Denton escreveu em 1670.

No século 19 as explicações religiosas foram substituídas por explicações biológicas. Os exterminados eram de cor, os exterminadores eram brancos. Parecia evidente que havia uma lei natural em funcionamento, e que o extermínio de não europeus era consequência da ordem natural do mundo.

E que assim os nativos demonstravam pertencer a uma raça inferior. Deixem que essa gente morra para que as leis do progresso triunfem!, diziam uns. Outros acreditavam que, por motivos humanitários, esses povos deviam ser protegidos mediante uma realocação em lugares distantes — e então, como que por coincidência, essas mesmas pessoas tomavam as terras cultiváveis em que esses povos moravam e passavam a usá-las em benefício próprio.

E assim diversos povos nativos da América do Norte, da América do Sul, da África e da Austrália foram reprimidos, exterminados ou deslocados à força até a década de 1830. Quando escreveu que certas raças humanas estão fadadas à extinção, Darwin baseou essa hipótese em acontecimentos históricos de conhecimento geral.

Às vezes, tinha até mesmo sido testemunha ocular.

109

Nas partes mais remotas da América do Sul, a conquista europeia ainda não estava completa quando Darwin chegou em agosto de 1832. O governo da Argentina tinha acabado de decidir que exterminaria os nativos que ainda dominavam os Pampas.[8]

A tarefa foi confiada ao general Rosas. Darwin encontrou o general e as tropas às margens do rio Colorado e concluiu que jamais se havia reunido um exército mais abjeto de bandidos.

Em Bahía Blanca ele viu mais tropas, cheias de homens embriagados, manchados de sangue, sujeira e vômito. Darwin entrevistou um chefe espanhol que contou como os nativos capturados eram forçados a dar informações sobre a localização de parentes.

Pouco tempo atrás, ele e os soldados tinham encontrado 110 nativos, todos capturados ou mortos, "porque os soldados desferem golpes de sabre contra todos".

> Os índios agora sentem tanto medo que já não oferecem mais uma resistência organizada, mas simplesmente fogem a esmo, deixando mulheres e crianças para trás; mas quando alcançados resistem como animais selvagens, até o último suspiro, independentemente do tamanho da oposição. Um índio moribundo cravou os dentes no polegar de um oponente, e não o largou sequer quando teve os olhos arrancados.
>
> É uma imagem sombria; e mais sombrio ainda é o fato inegável de que todas as mulheres que pareciam ter mais de vinte anos foram assassinadas a sangue-frio. Quando exclamei que essa forma de proceder era desumana, o general respondeu: "O que mais podemos fazer? Eles se multiplicam depressa!".
>
> Todos por aqui estão convencidos de que esta é uma guerra justa, porque é uma guerra contra bárbaros. Quem poderia imaginar que em nossa época uma enormidade como essa é cometida em um país cristão e civilizado?
>
> O plano do general Rosas é matar todos os índios ao redor, para então reunir os demais em um mesmo lugar onde no verão

possa lançar um ataque ao lado dos chilenos. Essa operação deve ser repetida por três anos consecutivos.

Em 1871, quando Darwin publicou *A origem do homem*, a caça aos nativos estava ainda a pleno vapor na Argentina. Tudo financiado com títulos públicos. Quando os indígenas foram exterminados, as terras foram divididas entre os credores. Cada título garantiu ao proprietário 2500 hectares.

110

Por toda a noite eu procuro flores em uma paisagem urbana escura e suja. Tudo é deserto, arruinado, mijado. Em um túnel malcheiroso, dois homens vêm em minha direção. Flores? Eles não sabem do que estou falando. Tento sinalizar "buquê", usando as mãos para segurar os caules das flores. Eles entendem "faca" e compreendem precisamente o que pretendo dizer.

111

Darwin se abalou com a brutalidade observada na caçada humana em curso na Argentina. O professor dele, Charles Lyell, ajudou-o a pôr as coisas que tinha visto em um contexto maior. Os homens eram parte da natureza, e na natureza o extermínio é comum.

Segundo Lyell escreve em *Princípios de geologia* (no capítulo "A extirpação de espécies pelo homem"), nós humanos não temos motivo para sentir remorso ao saber que nosso progresso extermina animais e plantas.

Em nossa defesa, podemos dizer que, ao conquistar a terra e proteger nossas conquistas por meio da violência, estamos apenas fazendo como todas as outras espécies na natureza. Todas as espécies que se espalham por uma região extensa diminuem a presença de outras espécies ou mesmo as exterminam por completo e defendem-se contra plantas e animais invasores.

Se "mesmo as menores e mais insignificantes espécies da natureza levaram à extinção milhares de outras" — por que então nós, os senhores da criação, não haveríamos de fazer o mesmo?

Assim como Darwin, o amistoso Lyell não desejava nenhum mal aos nativos. Mas o direito de exterminar outras espécies, que Lyell irrefletidamente reconhecia na humanidade, por muito tempo já fora usado para exterminar outras pessoas. Na prática, essa ideia se resumia a: "exterminem todos os malditos".

112

Os tasmanianos foram os mais conhecidos dentre os povos exterminados, e por muitas vezes serviram como um símbolo destes.

A Tasmânia é uma ilha do tamanho da Irlanda, localizada a sudeste do continente australiano. Os primeiros colonizadores — 24 prisioneiros, oito soldados e uma dúzia de voluntários, entre os quais havia seis mulheres — chegaram em 1803. No ano seguinte ocorreu o primeiro massacre contra os nativos, conhecido pelo nome de "Massacre de Risdon". A partir de então os *bushrangers*, condenados em fuga, promoveram a caça a cangurus e a nativos com total impunidade. As mulheres nativas eram capturadas, e os nativos tinham os corpos jogados aos cães ou eram assados vivos.

Um homem chamado Carrots tornou-se famoso quando, depois de matar um tasmaniano, obrigou a esposa dele a carregar consigo a cabeça do marido morto pendurada no pescoço. Os nativos não precisavam ser tratados como seres humanos, porque eram *"brutes"* ou *"brute beasts"*.

Na década de 1820 a imigração dos brancos intensificou-se, o que aumentou a pressão sobre os nativos. Como passavam fome, os nativos passaram a roubar dos brancos, que logo prepararam armadilhas e passaram a abatê-los a tiro do alto de árvores. Os tasmanianos responderam com ataques contra colonos isolados. O líder deles foi capturado e condenado à morte por homicídio em 1825.

A Van Diemens Land Company exterminou os cangurus e passou a criar ovelhas numa área de aproximadamente 250 mil hectares. A população branca dobrava de tamanho a cada cinco anos. A imprensa local passou a exigir em termos cada vez mais incisivos que o governo promovesse o "deslocamento" dos nativos. Se essa demanda não fosse atendida, eles seriam *"hunted down like wild beasts and destroyed"* [caçados como animais selvagens e destruídos].

Foi o que aconteceu. Em 1827 o *Times* noticiou que sessenta tasmanianos tinham sido mortos como vingança pelo assassinato de um colono; em outra ocasião, setenta tasmanianos perderam a vida. A violência escalou e por fim começaram os ataques em que os colonizadores passaram a arrancar mulheres e crianças para fora das tocas, *"dashing out their brains"* [esmagando seus cérebros].

Em 1829 o governo decidiu concentrar os nativos em uma região infértil na costa oeste. Os prisioneiros foram mandados em uma caçada, com a promessa de cinco libras para cada nativo que levassem ao campo de concentração. Calcula-se que nove tasmanianos foram mortos para cada um dos que chegaram vivos ao campo de concentração. "A guerra negra" continuou.

Em 1830, 5 mil soldados foram mobilizados para levar os nativos restantes a uma pequena península a sudeste. A operação custou 30 mil libras. Ao longo de várias semanas, os soldados percorreram a ilha inteira. Quando chegaram ao fim, não havia um único nativo capturado. Mais tarde descobriu-se que não restavam mais que trezentos.[9]

113

Um metodista chamado George Augustus Robinson quis salvá-los. Desarmado, ele havia feito uma incursão ao território e quase acabou morto, porém foi salvo por uma mulher nativa chamada Truganini. Ao lado de Truganini, Robinson convenceu duzentos tasmanianos a segui-lo até a ilha Flinders, onde ninguém haveria de caçá-los.

Essa era a situação quando Darwin visitou a Tasmânia. Em 5 de fevereiro de 1836, ele escreveu no diário: "Temo que essa série de maldades tenha sido originada pela truculência de nossos compatriotas".

Robinson tentou civilizar os protegidos apresentando-os à economia de mercado e ao cristianismo na ilha Flinders. Logo poderia apresentar resultados impressionantes. Os tasmanianos haviam começado a trabalhar, a usar roupas e a comer com garfo e faca. As orgias noturnas foram substituídas por canções espirituais. Os conhecimentos da catequese avançaram a passos largos. Havia apenas um único problema: eles morriam como moscas.

Ao fim de meio ano, metade dos nativos tinha morrido. E quando a metade sobrevivente foi mais uma vez reduzida à metade, os 45 nativos restantes foram alocados em um cortiço nos arredores da capital Hobart Town, onde logo se tornaram alcoólatras e por fim sucumbiram.

Quando *A origem das espécies* foi publicado, em 1859, restavam apenas nove mulheres tasmanianas, todas velhas demais para ter filhos. O último homem tasmaniano, William Ianney, morreu em 1869. O crânio dele foi roubado antes mesmo do enterro, mas depois o cadáver foi exumado e todo o restante do esqueleto foi saqueado.

E a última representante dos tasmanianos foi Truganini, que havia salvado a vida de Robinson. Ela morreu em 1876, poucos anos após a publicação de *A origem do homem*. O esqueleto encontra-se exposto no museu de Hobart.

114

Os homens de ciência do século 19 interpretaram o destino dos tasmanianos à luz da descoberta de Cuvier, que àquela altura já era de conhecimento público. Em meio a milhares de espécies já extintas, os tasmanianos haviam sobrevivido graças ao isolamento geográfico. Eram "fósseis vivos", resquícios de um tempo pré-histórico passado que não havia resistido ao contato repentino com o extremo oposto da escala temporal. O extermínio mostrava apenas que haviam retornado ao mundo dos mortos — o lugar a que pertenciam, segundo as regras evolutivas.

Os homens de ciência do século 19 interpretaram o destino dos tasmanianos à luz da descoberta de Darwin. A ideia medieval da escada da natureza, a hierarquia zoológica que Cuvier tanto havia criticado, a hierarquia entre as raças que Petty, Tyson e White haviam fabulado — com Darwin, todas essas coisas passaram a ser vistas como um processo histórico. As formas "inferiores" na hierarquia antecediam as formas "superiores" no tempo. Mas isso não era tudo. As ideias de "inferior" e "superior" também passaram a funcionar como um mecanismo de causa e consequência. A batalha entre um e outro criava formas ainda mais "superiores".

Nós, europeus, éramos os descendentes modificados e melhorados dos tasmanianos. E por isso adotamos a lógica darwinística do parricídio — porque estávamos obrigados a exterminar a espécie que nos havia originado. Essa lógica se aplicava a todas as "raças selvagens" no mundo inteiro. Todos estavam fadados ao mesmo destino dos tasmanianos.

Parte IV

O nascimento do racismo

*"Race is everything: literature, science, art, in a word, civilization, depend on it"**

115

No início do século 19, as críticas ao imperialismo feitas no século 18 ainda vigoravam, e para muita gente era natural assumir uma postura contra o genocídio.

Na grande história colonial *European Colonies in Various Parts of the World Viewed in Their Social, Moral and Physical Condition* [Colônias europeias em várias partes do mundo, consideradas em termos sociais, morais e físicos, 1834], John Howison escreve:

> As bênçãos da civilização quase privaram o continente americano de seus habitantes originários. Pela mesma razão, não resta nas ilhas das Índias Ocidentais uma única família dos povos originários. A África do Sul logo estará em uma situação idêntica, e a população dos islenhos do Pacífico diminui em ritmo acelerado devido às doenças europeias e ao despotismo de missionários fanáticos.

* No original, em inglês: "Raça é tudo: literatura, ciência, arte, resumindo, a civilização depende dela".

Chegou a hora de dar um basta a essa destruição; e, como a longa e triste experiência demonstra que sempre fracassamos em tornar os bárbaros que visitamos ou conquistamos mais felizes, mais sábios ou melhores, melhor seria deixá-los em paz e voltar nosso ímpeto corretivo a nós mesmos, para assim reprimirmos [...] nossa cobiça, nosso egoísmo e nossos vícios.

Essa foi uma posição baseada na fé cristã e nas ideias de igualdade promovidas pelo Iluminismo.

Mas durante a expansão europeia do século 19 surgiu uma nova posição. As pessoas começaram a encarar o genocídio como um subproduto inevitável do progresso.

Para o grande antropólogo James Cowles Prichard, era óbvio que as "raças selvagens" não tinham salvação. Segundo afirmou na palestra "On the Extinction of the Human Races" [Sobre a extinção das raças humanas], em 1838, o que restava a fazer era, em nome da ciência, coletar todas as informações possíveis a respeito das características físicas e morais desses povos.[1]

A ameaça da extinção motivou a pesquisa antropológica que, em troca, forneceu aos exterminadores um álibi ao declarar que o extermínio seria inevitável.

116

No mesmo ano, 1838, Herman Merivale deu uma palestra em Oxford com o tema "Colonization and Colonies" [Colonização e colônias]. Durante a palestra, ele observou que a teoria de Prichard, segundo a qual "a raça branca está predestinada a exterminar os selvagens", estava cada vez mais difundida. O extermínio já não dependia mais de guerras ou de epidemias, mas tinha raízes mais profundas e mais secretas: "o simples contato com europeus mostra-se, por razões desconhecidas, fatal".

Merivale rejeita essa teoria com veemência. Não há exemplos de mortalidade inexplicável. Sabemos que "o desperdício de vidas humanas" é enorme. Mas ele tem motivos naturais.

O principal é que a "civilização" em território selvagem é representada por "comerciantes, colonos, piratas e condenados em fuga" — em suma, brancos que podem fazer o que bem entenderem sem estarem sujeitos a nenhum tipo de crítica ou de controle.

A história da expansão europeia na América, na África e na Austrália mostra por toda a parte os mesmos traços característicos — a destruição rápida e abrangente das raças nativas por meio da violência descontrolada de indivíduos, ou por vezes das autoridades coloniais, seguida por esforços tardios do governo no sentido de reparar os crimes cometidos.

Essa foi a mesma conclusão a que chegou uma comissão parlamentar britânica estabelecida em 1837 para examinar as causas responsáveis pela desgraça que se abateu sobre os tasmanianos e outros povos nativos. A comissão concluiu que os europeus haviam tomado os territórios nativos de maneira ilegal, dizimado os povos nativos e destruído as formas de vida tradicionais. "Crueldade e injustiça brutais" tinham sido a causa da morte dos nativos.[2]

Como resultado direto do trabalho feito pela comissão, em 1838 foi fundada a Aborigines' Protection Society, que tinha por objetivo impedir o extermínio dos povos nativos. Essa organização contra o genocídio funcionou durante o restante do século 19 enfrentando forças cada vez maiores.

117

Onde estou? No campo de concentração? No Terceiro Mundo? Os corpos nus ao meu redor são emaciados e cheios de feridas.

O Natal está próximo. Homens rechonchudos estendem uma rede bastante rústica e resistente. Do outro lado da rede está a escultura de uma gigante nua, pintada de vermelho e dourado e ornada com um ferro de passar roupa, um porrete e um par de botas. A rede nos impede de chegar a essa mulher gorda e feliz.

Os homens que estendem a rede fazem diversas piadas grosseiras. Logo devem atiçar os cachorros para cima de nós. Já estão rindo quando nos veem subir na rede. Em vão tentamos estender as mãos em direção ao porrete e ao ferro de passar roupa. Não alcançamos sequer o par de botas.

118

O preconceito contra outros povos sempre existiu. Porém na metade do século 19 esse preconceito ganhou uma motivação organizada com base em teorias pseudocientíficas.

No mundo anglo-saxônico, o pioneiro foi Robert Knox. O livro *The Races of Men. A Fragment* [As raças do homem. Um fragmento, 1850] representa o nascimento do racismo, no momento exato em que deixa de ser uma opinião folclórica devida à ignorância para se transformar em uma convicção de base "científica".

Knox tinha estudado anatomia comparada com Cuvier em Paris. O grande feito de Cuvier foi provar que diferentes espécies animais tinham deixado de existir. Mas, quanto ao modo e aos motivos dessas mortes, Cuvier não se pronuncia, segundo Knox.

E também não sabemos por que as raças escuras sucumbem. "Se conhecêssemos a lei que lhes deu origem, conheceríamos também a lei que as extinguirá; porém não a conhecemos. Tudo são hipóteses, incertezas."

Sabemos apenas que desde o princípio da história as raças de pele escura foram escravizadas pelas raças de pele clara. Por quê? "Sinto-me inclinado a crer que deve haver uma inferioridade física e por extensão também psíquica nas raças escuras em geral."

Talvez não se deva apenas a problemas com as dimensões do cérebro, mas a problemas com a qualidade deste. "O cérebro, segundo parece, é em geral mais escuro, e as partes claras são mais fibrosas; mas aqui falo a partir de uma experiência bastante limitada."

As limitações dessas experiências tornam-se evidentes em outro ponto do livro, quando Knox menciona ter dissecado *uma única* pessoa de cor. Nesse cadáver ele afirma ter encontrado um terço a menos de nervos nos braços e nas pernas em comparação a um homem branco de estatura similar. A alma, o instinto e o juízo dessas raças também devem ser diferentes, portanto, afirma Knox.

Da ignorância total, Knox dá — graças a essa única dissecação — um salto enorme e passa a escrever frases como:

"Para mim, raça, ou, dito de outra forma, genealogia, é tudo: isso deixa marcas no homem."

"Raça é tudo: poesia, ciência, arte, em suma, toda a civilização — tudo depende da raça."

Há um elemento quase comovente na sinceridade infantil com que Knox revela a falta de fundamentos empíricos para as hipóteses que apresenta. O sexto capítulo do livro, que discute as raças escuras, continua da seguinte forma: "Depois de analisar parte das características físicas das raças escuras e mostrar que no fundo pouco sabemos a respeito delas, que não temos acesso aos fatos sobre os quais a história física da humanidade poderia se basear, vamos então...".

Vamos então o quê?

Bem, apesar da ausência de fatos constatada, sem pensar duas vezes Knox faz afirmações categóricas a respeito da inferioridade das raças escuras e do extermínio inevitável que as espera.

119

Darwin falou sobre "raças selvagens" sem oferecer mais detalhes quanto àquilo a que se referia. [Alfred Russel] Wallace e outros autores escreviam simplesmente "os inferiores" ou "as raças inferiores e degeneradas" — e não tornavam a situação nem um pouco clara para o leitor.

Seria aquilo a que hoje chamamos de Quarto Mundo? Ou seria o Terceiro? Ou ainda outro?

Muita gente entendeu que *todas* as raças eram inferiores e degeneradas em relação aos brancos; e que, entre as "raças" brancas, *todas* eram inferiores em relação à "raça" anglo-saxônica. Que fração da humanidade estaria nesse caso fadada à extinção?

Knox emprega a expressão "raças escuras". Que raças específicas seriam essas? Segundo Knox, essa não é uma pergunta fácil de responder.

Os judeus são uma raça escura? Os ciganos? Os chineses? Em certa medida, é certo que essas são raças escuras; assim como também os mongóis, os índios americanos e os esquimós, e os habitantes de praticamente toda a África, Oriente Médio e Austrália. "Um campo de extermínio surge diante dos saxões e de outras raças europeias!"

A vontade de extermínio, e a bem dizer a alegria do extermínio, brilham nas formulações quando Knox, do alto do púlpito que ocupa, arrasa um povo atrás do outro.

Só uma coisa pode despertar sua indignação: a hipocrisia. Na Nova Zelândia, os britânicos tinham acabado de levar a efeito a mais ousada anexação em toda a história da agressão — "para proteger os aborígines"! Obrigado, mas não!, diz Knox. E os nativos tampouco se tornam britânicos quando têm a própria terra tomada — não, eles devem ser "protegidos"!

Os saxões não protegem as raças escuras, não se misturam com as raças escuras, não permitem que tenham sequer meio hectare de terra nos territórios ocupados; pelo menos é assim que funciona na América anglo-saxônica.

"Mexicanos, peruanos e chilenos têm o destino selado. O extermínio das raças, o extermínio garantido — não há como negar."

Robert Knox. Caricatura de Isobel Rae, em *Knox: The Anatomist*. Edimburgo: Oliver and Boyd, 1964

120

Será que as raças escuras podem ser civilizadas? Definitivamente não, responde Knox. A raça saxônica não pode tolerá-las ou viver em paz ao lado delas.

> A mais ferrenha guerra já travada, a mais sangrenta batalha enfrentada por Napoleão, nada disso se compara à guerra em que hoje se digladiam os nossos parentes na América e as raças escuras; trata-se de uma guerra de extermínio com uma caveira em cada insígnia, sem chance de rendição; um ou o outro há de perecer.

Não acuso os saxões, afirma Knox; não tenho sequer o direito de criticá-los. O homem simplesmente age conforme os impulsos animais e, quando usa a razão, é para mistificar e ocultar seus verdadeiros motivos.

Os americanos provavelmente já estavam em processo de extermínio antes mesmo da chegada dos europeus. "Todas essas nações terão o mesmo destino; é uma consequência da natureza de seus habitantes, e nada é capaz de impedi-lo."

Olhem para a África do Sul! O espírito progressista dos saxões levou por lá ao massacre dos nativos.

> Já terminamos com os hotentotes e os bosquímanos? Imagino que sim; logo essas raças não passarão de curiosidades; já há um espécime empalhado na Inglaterra e outro em Paris, se não me engano [...]. Em resumo: logo essas raças acabarão por sumir da face da Terra.

E quanto aos chineses, mongóis, tártaros e todos os outros — o que os espera? Ora, sabemos o que aconteceu na Tasmânia: os anglo-saxônicos varreram os nativos de sua terra. "Não há sentimentos de remorso pelo raio que extinguiu uma raça."

Os chineses podem esperar o mesmo destino: afinal, a China parece totalmente estagnada, e por lá não há inventores nem descobridores. A famosa arte chinesa deve pertencer a outra raça, e os chineses devem tê-la importado sem compreendê-la direito.

Ah, os chineses já viveram o que tinham de viver no período certo, e agora avançam às pressas rumo à estação final onde ficam os restos mortais de todas as criaturas extintas, que — como os mamíferos e os pássaros do mundo antigo de Cuvier — deixaram de existir muito tempo atrás.

121

Quem era esse homem que chafurdava com tamanho arrebatamento em meio ao extermínio da humanidade?

Knox era escocês, tinha prestado serviço militar como médico na África do Sul e havia fundado uma escola de anatomia em Edimburgo. Ainda jovem, Darwin tinha ouvido as polêmicas palestras oferecidas por ele.

Na época, todos os anatomistas compravam espécimes de ladrões de túmulo, mas houve suspeitas de que Knox mantinha contatos com assassinos profissionais a fim de assegurar cadáveres adequados. Esse foi o fim de sua carreira como pesquisador.

Knox se via como uma voz sozinha no deserto. Ele, e somente ele, tinha descoberto uma grande verdade, a verdade sobre as raças, que apenas cretinos e hipócritas estariam dispostos a negar.

A publicação de *A origem das espécies* foi um acontecimento decisivo para as ideias de Knox. Darwin não as confirmou nem as refutou, mas a teoria da evolução seria claramente útil aos racistas.[3]

Knox foi reabilitado e pouco antes de falecer tornou-se membro da Ethnological Society [Sociedade Etnológica], onde um novo grupo de antropólogos "cientes das questões de raça" tinha passado a ditar as regras.

Em 1863, os discípulos de Knox romperam com a organização e fundaram a Anthropological Society [Sociedade Antropológica], que era ainda mais racista. A primeira palestra apresentada — "On the Negro's Place in Nature" [Sobre o lugar do negro na natureza] — enfatizava a proximidade dos negros com os macacos.

Quando uma revolta de camponeses negros na Jamaica foi brutalmente reprimida, a sociedade reuniu-se para um encontro público. O capitão Gordon Pim defendeu em sua fala que matar os nativos era uma questão de princípio filantrópico — segundo afirmou, havia misericórdia em um massacre, "*mercy in a massacre*".

O tempo havia começado a alcançar Robert Knox.

Antes a raça era vista como um entre vários fatores capazes de influenciar a cultura humana. Depois de Darwin, a raça passou a ser a explicação definitiva em círculos bem mais amplos. O racismo foi aceito e passou a ocupar uma posição central na ideologia imperialista britânica.[4]

122

Estou em boa companhia, sigo apenas aqueles que andam à minha frente e sei que há outros atrás de mim. Estamos subindo por uma escadaria estreita. O corrimão é uma corda rústica, que não oferece nenhum tipo de segurança. A escadaria dá voltas e mais voltas no interior de um campanário; ou seria um minarete? A escada em espiral leva às convoluções do cérebro. Ela torna-se mais estreita, porém como há muita gente atrás já não há mais como dar meia-volta ou sequer parar. A pressão que vem de baixo me obriga a subir. A escada termina de repente com uma calha de lixo na parede. Depois que abro a portinhola e me enfio pelo buraco, percebo que estou no exterior da torre. A corda sumiu. Tudo está às escuras. Agarro-me à parede gélida e escorregadia enquanto meus pés em vão procuram um ponto firme no vazio.

123

Depois de Darwin, a atitude sábia passou a ser dar de ombros para o genocídio. Demonstrar comoção passou a ser manifestação de ignorância. Os protestos vieram de velhotes que não conseguiam manter-se a par dos mais recentes avanços científicos. A Tasmânia passou a ser um paradigma, ao fim do qual diferentes partes do mundo foram transformadas uma após a outra.

William Winwood Reade, membro da Geographical and Anthropological Society [Sociedade Geográfica e Antropológica] de Londres e membro por correspondência da Société Géologique [Sociedade Geológica] de Paris, encerra o livro *Savage Africa* [África selvagem, 1864] com uma previsão sobre o futuro da raça negra.[5]

A África seria dividida entre a Inglaterra e a França, ele afirma. Sob o comando dos europeus, os africanos passariam a construir diques para irrigar o deserto. Seria um trabalho árduo, e os africanos provavelmente seriam exterminados. "Esse tipo de resultado deve ser encarado de maneira sóbria. Este é um exemplo da lei benéfica da natureza, segundo a qual os fracos são aniquilados pelos fortes."

Um mundo repleto de gratidão haveria de honrar a memória dos negros. Um dia, moças haveriam de sentar-se com os olhos rasos de lágrimas sob as palmeiras e ler "O último negro". E o Níger seria um rio tão romântico quanto o Reno. THE END.

124

No dia 19 de janeiro de 1864, a Anthropological Society de Londres organizou um debate sobre a extinção das raças inferiores.

Richard Lee, ao apresentar a palestra de abertura, intitulada "The Extinction of Races" [A extinção das raças], lembrou o destino dos tasmanianos. Naquele momento havia chegado a vez do povo maori na Nova Zelândia, que em poucas décadas fora reduzido à metade.

As razões ainda não estavam claras. Doença, alcoolismo e "antagonismo entre a população branca e a população de cor" eram fatores externos importantes. Mas não bastavam para explicar por que a população feminina diminuía mais rápido que a população masculina, nem a grande quantidade de casamentos sem filhos.

Quaisquer que fossem as razões, podíamos ver por toda parte ao nosso redor a maneira como o mundo abre espaço para um novo mundo, mais desenvolvido. Em poucos anos a superfície terrestre estaria radicalmente transformada. Nós, civilizados, sabemos como utilizar melhor os países que por muito tempo foram o lar "dos pretos". Estamos à beira de uma nova era que vai multiplicar as conquistas da humanidade.

A maré da civilização europeia há de cobrir toda a terra. Graças à superioridade moral e intelectual, a raça anglo-saxônica há de varrer por completo os habitantes anteriores. É a luz que devora a escuridão, disse Richard Lee.

O oponente, Thomas Bendyshe, mencionou os filipinos como um entre muitos exemplos de que raças superiores e inferiores podem viver lado a lado sem que se fale em extinção. Logo, essa não era uma lei natural.

Os nativos morrem somente nos locais onde são privados da terra e assim perdem a possibilidade de cuidar de si próprios. Mesmo que certas tribos de índios tenham sido praticamente extintas na América do Norte, ainda há índios suficientes para repovoar o continente — desde que tenham acesso à terra. Porque, independentemente da raça, as pessoas multiplicam-se segundo as leis de Malthus, concluiu Bendyshe.

Alfred Russel Wallace, que também ajudou a desenvolver a teoria da evolução, postulou que, quanto mais inferior fosse uma raça, maior seria o território necessário para encontrar alimento. Quando os europeus tomavam o território à força, as raças inferiores somente poderiam sobreviver caso fossem civilizadas às pressas. Mas a civilização era conquistada aos poucos. Logo, o desaparecimento das raças inferiores era apenas uma questão de tempo.

125

Naquela mesma tarde, durante a palestra "The Origin of Human Races" [A origem das raças humanas], Wallace explicou com mais detalhes a visão que tinha sobre o extermínio. Esse era apenas um nome diferente para a seleção natural.[6]

Segundo Wallace, o contato com os europeus leva os povos inferiores e intelectualmente subdesenvolvidos que vivem em outros continentes à extinção inevitável. A superioridade dos europeus em termos de aptidões físicas e intelectuais leva-os a se multiplicar de uma forma que desfavorece os selvagens, "exatamente como as ervas daninhas da Europa espalham-se pela América do Norte e pela Austrália e suplantam as espécies nativas graças à vitalidade inata e à maior capacidade de viver e de reproduzir-se".

Ao ler esse trecho, Darwin riscou "ervas daninhas" e acrescentou na margem de seu próprio exemplar: "rato".

Em *A origem do homem* ele escreveu: "O neozelandês nativo compara o próprio destino ao do rato nativo, que foi quase exterminado pelo rato europeu".[7]

Animais e plantas da Europa adaptavam-se sem nenhum tipo de dificuldade ao clima e ao solo da América e da Austrália, mas foram poucas as plantas americanas e australianas — entre as quais estava a batata — que vingaram na Europa.

Esses paralelos retirados do mundo vegetal e animal pareciam confirmar a crença na superioridade biológica dos europeus e na derrocada inevitável das outras raças.

Mas os paralelos também podiam fomentar a dúvida. Por que justamente as ervas daninhas espalhavam-se de forma mais rápida e mais efetiva nas colônias em relação a outras plantas europeias? Seria mesmo graças à superioridade moral e intelectual que os ratos europeus tinham exterminado outros ratos?

126

Estamos comendo a ceia de Natal na casa da família Tidelius, do outro lado da rua. Mal alcanço a mesa festiva, posta no grande salão com o armário preto espelhado e as solenes cadeiras de carvalho de espaldar alto. O lustre brilha, os copos, os talheres e a porcelana — tudo brilha. A toalha de mesa é de tecido branco, encorpado e rígido. Por isso mesmo fica um pouco amarrotada nas dobras, e a sra. Tidelius se estica para alisar o tecido com a mão. Ouve-se um gemido digno de pena — como se a ceifadeira houvesse revelado um ninho de rato na lavoura. Naquela época as lavouras chegavam até os limites do terreno. Eu e Uffe muitas vezes ficávamos perto do grande estábulo da casa senhorial, onde os camundongos eram tão normais quanto os gatos. É esse o rumo que os meus pensamentos tomam quando ouço o gemido e a sra. Tidelius se levanta de repente com um grito. O sr. Tidelius se apressa para salvá-la. Ele tem o dobro da idade da esposa e é um senhor elegante e ativo, que parece forte quando todas as manhãs às seis horas sai para dar uma caminhada até a estação de trem, onde faz uma visita à alfaiataria de roupas femininas que mantém na rua Mäster Samuelsgatan. Ele é um alfaiate excepcional, mas não é nenhum especialista em ratos de estábulo. O sr. Tidelius ergue a toalha de mesa para olhar por baixo — e lá está o rato, em uma dobra quase no centro da mesa, virando os copos ao passar. Nesse momento tem início um verdadeiro caos: todos fazem o quanto podem a fim de salvar copos e pratos, e ao mesmo tempo os Tidelius erguem a toalha de mesa e puxam o feltro logo abaixo na tentativa de prender o rato, que guinchando de raiva e de medo corre de um lado para o outro sob o tecido e parece crescer toda vez que muda de direção... É difícil imaginar que o meu pai faz o que faz. Depois, na velhice, ele se tornou um homem sereno e alegre. Mas quando eu era pequeno tudo era diferente. Ainda me lembro da vez em que um velho rato, já com os pelos cinzentos e grande como um gato pequeno, chegou devagar ao longo do gramado. Foi aquela forma tranquila de se movimentar, como se tivesse pleno direito de fazer aquilo, que deixou o meu pai enfurecido. Ele abriu a porta da varanda com um movimento brusco, desceu a encosta às pressas enquanto no meio do caminho juntava uma tábua, correu atrás do rato, que descobriu o perigo já demasiado tarde, e o matou contra o moirão da cerca no momento exato em que estava prestes a escapar. E é com essa fúria que ele vai à cozinha dos Tidelius e pega o machado — na época ainda se usava fogão a lenha — para erguê-lo acima da cabeça e, aos gritos de "bravo" das mulheres, desferir um golpe com toda a força em cima do volume na toalha de mesa. O gume atravessa o damasco e o feltro e crava-se na superfície preta do carvalho. Sem dúvida também mata o rato, que já não se mexe mais de um lado para o outro por baixo do tecido. Mas de repente tudo fica em silêncio. Os gritos cessam. Todos permanecem imóveis, olhando para o cabo do machado que se ergue diagonalmente rumo ao teto e ainda vibra com a força do golpe... Não podemos continuar a ceia de Natal com um rato morto em cima da mesa. Os nossos pais tiram a mesa. Por fim soltam o machado. Depois se postam nos cantos da mesa e erguem primeiro a toalha de mesa, depois o feltro. Não se vê o rato. Ele sumiu. Mas ninguém diz nada. Ninguém pergunta aonde pode ter ido. Todos simplesmente olham para a marca profunda e clara deixada pelo machado na superfície da mesa. — Eu vou fechar isso com um pedacinho de carvalho — diz o meu pai, que é professor de carpintaria. — Tingindo da mesma cor. Mal vai dar para ver. Os anfitriões agradecem profusamente. Mas a ceia transcorre numa atmosfera tensa, e não nos demoramos a ir embora.

127

Mesmo aqueles que permaneceram na Ethnological Society tinham a convicção de que as raças inferiores estavam fadadas a perecer.

No dia 27 de março de 1866, Frederic Farrar deu uma palestra sobre o tema "Aptitude of the Races" [Aptidão das raças].

Ele dividiu as raças em três grupos: selvagens, parcialmente civilizadas e civilizadas.[8]

Somente duas raças, a ariana e a semítica, eram civilizadas. As raças parcialmente civilizadas incluíam os chineses, que outrora tinham sido brilhantes, mas naquele momento sofriam com um "desenvolvimento estagnado".

As raças selvagens sempre tinham vivido na miséria e na ignorância.

> Elas não têm passado nem futuro. Como outras raças bem mais nobres que as antecederam, estão fadadas à extinção célere, total e inevitável, o que talvez sirva às maiores aspirações da humanidade.
>
> Todas essas miríades e multidões foram incapazes de produzir um único nome de relevo para a nossa raça. Se amanhã fossem todos destruídos em uma catástrofe, não deixariam para trás nenhum rastro da própria existência a não ser pelos resquícios orgânicos.
>
> Chamo-os de selvagens *irremediáveis* [...] porque a civilização não os influencia, mas, pelo contrário, leva-os a sucumbir de maneira tão certa e garantida quanto a neve desaparece sob os raios do sol.

Os índios são um exemplo. Ou então peguemos um espécime dentre as centenas de milhões na África, e não um dos mais degenerados, como os hotentotes, mas um "preto" de sangue puro. Qual é a esperança de que possa ser civilizado? A grande maioria dos negros vai perecer nessa derrocada, e poucos vão conseguir salvar-se.

Muitas raças já desapareceram. Essas raças — "os tipos mais reles da humanidade, aqueles que apresentam os traços morais e intelectuais mais terríveis do habitante nativo" — estavam fadadas ao extermínio.

"Porque as trevas, a preguiça e a ignorância brutal não subsistem onde são afastadas pelo conhecimento, pela indústria e pela luz."

128

O que acontecia na prática quando a indústria e a luz se punham a matar?

Darwin conhecia a resposta. Tinha visto os matadores de indígenas do general Rosas manchados de sangue e vômito, e sabia que aqueles homens arrancavam os olhos dos indígenas que tinham mordido um polegar, sabia como eram mortas as mulheres e como os prisioneiros eram levados a abrir a boca. Ele tinha um nome para isso. Chamava de "luta pela existência".

Darwin sabia como a luta pela existência era travada. Mesmo assim, acreditava que essa luta tinha desenvolvido e enobrecido a raça humana. Wallace compartilhava dessa crença. A extinção das raças inferiores era justificada, porque aos poucos acabaria com as diferenças entre as raças até que o mundo fosse mais uma vez habitado por uma única raça praticamente homogênea, na qual ninguém estaria abaixo do mais nobre exemplar da humanidade atual. Essa era a crença de Wallace.

O estranho para ele, no entanto, era que os passos discretos que nos levavam para mais perto desse objetivo não pareciam estar ligados à seleção natural.

Claramente não eram "os melhores" que venciam a batalha pela existência. Aqueles que eram moral e intelectualmente medíocres, para não dizer inferiores — em suma, as ervas daninhas —, adaptavam-se melhor à vida e multiplicavam-se com mais celeridade.

129

Wallace havia tocado em um ponto sensível. William Greg tratou do problema em um artigo na *Fraser's Magazine* (de setembro de 1868) que Darwin leu e comentou.[9]

O que preocupava Greg era acima de tudo a constatação de que a classe média, "que forma a parcela enérgica, confiável e progressiva na população", tinha bem menos filhos que a classe alta e a classe baixa, que — embora por motivos opostos — não tinham nenhum motivo para exercer cautela nesse ponto.

"A lei justa e saudável da seleção natural" é assim posta de lado, e dessa forma ameaça a nossa sociedade com o risco de uma civilização excessiva, como ocorreu com os antigos gregos e romanos.

Mas por sorte as leis da natureza permanecem em vigor nas relações entre as diferentes raças, afirma Greg. Nesse caso, os mais fortes e os mais aptos continuam a ser os mais beneficiados. São esses que vencem a competição e "exterminam, governam, suplantam, combatem, devoram ou arrancam as raças inferiores da existência".

Greg vê a luta entre as raças como a única forma de manter a vitalidade e a capacidade de progresso na sociedade civilizada. Somente ao exterminar outras raças podemos evitar a decadência que de outra forma seria o resultado de uma civilização que põe a seleção natural de lado.

130

Preparei comida no computador. Preparo tudo no monitor, na porta do micro-ondas onde esquento a comida.

A caminho de casa, com o jantar num disquete, sou abordado no metrô por um homem com roupas étnicas e uma touca colorida de tricô. Ele pega o disquete de mim. Tento impedi-lo e acordo quando chuto com toda a minha força a cadeira ao lado da cama. Ainda dói quando eu caminho.

131

Francis Galton, o primo de Darwin, levou a discussão adiante no livro *Hereditary Genius* [O gênio hereditário, 1869].

A história das transformações geológicas revela como as espécies animais foram o tempo inteiro levadas a se adaptar a novas condições de vida. A civilização é uma dessas novíssimas condições sob a qual a espécie humana precisa aprender a viver. E muitos povos fracassaram. Uma grande quantidade de raças humanas foi totalmente extinta sob a pressão exercida pela civilização.

"Provavelmente nenhum outro animal em nenhum outro período da história terrestre foi exposto à destruição em regiões tão extensas e em velocidade tão acelerada quanto o homem selvagem."

Essa devia ser uma lição para nós. Pois mesmo nós, que criamos a civilização, estamos sucumbindo. Homens de estado e filósofos, assim como artesãos e trabalhadores, hoje em dia veem-se diante de exigências às quais não podem corresponder, escreve Galton.

A conclusão é clara: se não quisermos acabar da mesma forma que as espécies e raças humanas extintas, precisamos melhorar as características hereditárias para aumentar nossa capacidade de sobreviver às condições de vida criadas pela civilização.

Galton passaria o restante do século estudando e fazendo sugestões capazes de promover essa melhoria das características hereditárias. Ele ganhou muitos discípulos, e não apenas na Alemanha. O Instituto Nacional de Biologia Racial em Uppsala continuava a existir em 1950.

132

A mesma passagem do livro de Galton é retomada por Benjamin Kidd em *Social Evolution* [Evolução social, 1894], um livro que fez grande sucesso na década de 1890.

Os anglo-saxões haviam exterminado os povos menos desenvolvidos de maneira ainda mais eficaz em relação a outras raças. Movidos pelas forças inatas de sua própria civilização, eles chegam ao país estrangeiro para desenvolver ao máximo seus recursos naturais — e as consequências parecem ser inevitáveis.

Essa batalha entre as raças, na qual o perdedor acaba subjugado, e até mesmo exterminado, não é uma ideia distante e passada. É o que ainda hoje acontece diante dos nossos olhos, sob a proteção da civilização anglo-saxônica que tanto nos enche de orgulho e que tanto associamos aos ideais mais elevados.

Para a raça que deseja manter o próprio espaço nessa competição, o extermínio implacável de outras torna-se uma condição inevitável. Podemos humanizar essas condições, mas não podemos alterá-las. E, além do mais, essas condições encontram-se profundamente arraigadas em características fisiológicas, cujos efeitos não temos como evitar, segundo Kidd.

133

O traço comum a Wallace, Greg, Galton e Kidd é o temor de que o terreno da sociedade não corresponda ao mapa. As pessoas erradas se multiplicavam. A seleção não tinha beneficiado aqueles que devia ter beneficiado. Nesse contexto a batalha das raças era um bálsamo. Lá — finalmente! — a teoria parecia corresponder à realidade. Pois fora justo essa a realidade que outrora tinha dado origem à teoria.

O traço comum a esses homens era a preocupação com as transformações da sociedade, as quais haviam levado o mundo a uma situação muito diferente daquela que existia quando eram crianças. Será que tínhamos criado uma sociedade que no futuro acabaria por nos esmagar como tínhamos esmagado os selvagens? Será que essa sociedade poderia nos ameaçar com uma derrocada racial? Será que tínhamos nos afastado demais da natureza?

O traço comum a esses homens todos era também a vontade de perdoar e de reconhecer o genocídio. O extermínio era inevitável e promovia a revitalização dos exterminadores; era um evento com raízes profundas e misteriosas. E com certeza não era um acontecimento indesejado para as vítimas.

Ser exterminado não era uma "desgraça", na opinião de Galton. Antes, era uma questão de indolência e apatia. Os sexos haviam perdido o interesse um pelo outro após o contato com a civilização, e assim a prole diminuiu. Era uma situação lamentável, mas não se poderia chamá-la propriamente de "desgraça"...

Mas quais eram as causas dessa apatia? Que raízes fisiológicas eram essas? No início do século 19, na época de John Howison e Herman Merivale,[10] as respostas a essas perguntas pareciam claras e definitivas. Na década de 1890, elas haviam desaparecido em meio à névoa do racismo.

134

Enfileirados para serem mortos com um tiro atrás da cabeça. A espera pelo tiro, a dor, o fim.

Somos muitos. Enquanto aguardamos, também escrevemos. Escrevemos enquanto o tiro não chega.

Quando nossos corpos estão frios como cadáveres, por fim recebemos um cheque postal no valor de 25 coroas. "Obrigado pela sua contribuição", diz o talão.

135

Acredito ter demonstrado que uma das ideias predominantes no século 19 era a de que havia raças, povos, nações e linhagens que rumavam à extinção. Ou, como lorde Salisbury, o primeiro-ministro britânico, expressou-se a respeito do tema no famoso discurso proferido no Albert Hall em 4 de maio de 1898: "De maneira simplificada, pode-se dividir as nações do mundo entre as vivas e as moribundas".[11]

Foi uma metáfora de precisão assustadora.

Os Estados fracos tornavam-se cada vez mais fracos, e os fortes, cada vez mais fortes, prosseguiu Salisbury. Era natural que "as nações vivas aos poucos tomassem os territórios das moribundas".

Ele estava falando a verdade. Durante o século 19, os europeus haviam tomado territórios enormes na Ásia Setentrional e na América do Norte, na América do Sul, na África e na Austrália. E as "nações moribundas" estavam moribundas justamente porque os territórios de que dispunham haviam sido tomados.

A palavra "genocídio" ainda não existia. Mas a prática sim. Kurtz a havia chamado de *"exterminate all the brutes"*.

Não pretendo dizer que Joseph Conrad tenha assistido à palestra de lorde Salisbury. Não era preciso. Bastava ter lido o que diziam o artigo de Dilke no *Cosmopolis*, *A guerra dos mundos* e "Higginson's Dream". Como as outras pessoas da época, Conrad sem dúvida tinha ouvido falar sobre os genocídios incessantes que marcaram todo aquele século.

Fomos nós que os reprimimos. Não queremos recordar. Desejamos que o genocídio tenha começado e acabado com o nazismo. É melhor assim.

Eu tenho uma certeza razoável de que Adolf Hitler, aos nove anos, não estava na plateia do Albert Hall quando lorde Salisbury ofereceu sua palestra. Não era preciso. Ele já sabia de tudo.

O ar que Hitler e todas as outras pessoas do Ocidente respiravam na época em que era menino trazia a convicção de que o imperialismo é um processo biológico necessário que, de acordo com as leis naturais, leva as raças inferiores à extinção inevitável.

Essa convicção já havia custado a vida de milhões de pessoas quando Hitler deu-lhe uma aplicação prática de caráter altamente pessoal.

*Lebensraum, Todesraum**

"Das Recht der stärkeren Rasse, die niedere zu vernichten"**

136

Até a metade do século 19 os alemães não tinham exterminado nenhum outro povo. Em razão disso, podiam adotar uma postura mais crítica que outros europeus.

O mais detalhado estudo sobre as espécies humanas ameaçadas de extinção foi feito pelo antropólogo Theodor Waitz no livro *Anthropologie der Naturvölker* [Antropologia dos povos naturais, 1859-62], que oferece um resumo e uma análise das informações trazidas pelos relatos de acadêmicos dedicados a estudos in loco.

O discípulo Georg Gerland concentrou-se no tema da extinção em *Über das Aussterben der Naturvölker* [Sobre a morte dos povos naturais, 1868].

Gerland lista e avalia todas as razões possíveis mencionadas no debate: a falta de cuidados com o próprio corpo e com as crianças, o tabu contra certos alimentos, traços de personali-

---

* Em alemão, no original: espaço vital, espaço de morte.

** Em alemão, no original: "O direito da raça mais forte de exterminar a mais fraca".

dade como indolência, rigidez e melancolia, vício sexual e propensão a usar substâncias estupefacientes, queda na fertilidade, abortos e infanticídios, guerras entre povos, canibalismo e sacrifício humano, prática da pena de morte, natureza inóspita e, por fim, a influência de culturas mais elevadas e o tratamento dispensado pelos brancos aos povos colonizados.

A conclusão foi que as doenças trazidas pelos brancos tinham sido um fator decisivo para o extermínio. Mesmo brancos saudáveis podem ser contagiosos, uma vez que carregam consigo um "miasma", um "pó doentio", que eram os nomes da época para o que mais tarde viríamos a chamar de vírus e bactérias.

Quanto mais longe e mais livre do pó doentio um determinado povo havia vivido, maior era o poder do miasma. Aos poucos os europeus criaram uma resistência contra os miasmas que faltava aos povos habitantes da natureza. E assim eles morrem.

Porém havia mais um fator decisivo no comportamento hostil dos brancos, e esse fator constitui um dos capítulos mais sombrios em toda a história da humanidade. Aquilo que se poderia chamar de "violência cultural" é ainda mais efetivo que a violência física, na opinião de Gerland.

A forma de vida dos povos naturais é tão bem-adaptada ao clima e à natureza que quaisquer transformações bruscas, por mais inocentes e úteis que se pretendam, podem ser fatais. Transformações profundas, como privatizar terras que antes eram propriedade comum, abalam as fundações de toda uma forma de vida.

Por cobiça ou ignorância, os europeus destroem as próprias fundações de tudo o que os nativos pensavam, sentiam e acreditavam. E, quando a vida perde o sentido, eles morrem.

A violência física é o fator mais evidente e mais concreto do extermínio. Mas a sede de sangue evidenciada pelos brancos mostra-se ainda mais assustadora quando é praticada por pessoas de intelecto altamente desenvolvido. Não se pode dizer que a violência tenha sido empregada apenas por indivíduos que possam ser responsabilizados individualmente — não, "essas atrocidades foram praticadas de maneira bastante uniforme por toda a população de colonizadores, ou pelo menos aceitas por eles; e nem mesmo hoje essa violência é condenada".

Não existe uma lei natural que diga que os povos naturais precisam morrer. Até hoje, foram poucos os povos totalmente erradicados. E não existe nesses povos nenhum tipo de incapacidade física ou espiritual contrária ao desenvolvimento, conclui Gerland. Se os direitos naturais dos nativos forem respeitados, eles vão continuar a viver.

Darwin leu esse livro e o referenciou em *A origem do homem*. Mas ele ficou mais impressionado com as obras de Lyell, Wallace, Greg e Galton, que haviam tirado conclusões "darwinísticas" em relação à humanidade e à sociedade já a partir de *A origem das espécies*. Darwin se deixou levar por epígonos e acabou seduzido pelas elevadas apostas que faziam.[1]

137

A maior autoridade alemã do século nesse assunto foi Friedrich Ratzel. Ratzel dedica o décimo capítulo de *Anthropogeographie* [Antropogeografia, 1891] ao "retrocesso dos povos de cultura pobre diante da cultura".

Segundo ele, é uma regra lamentável que pessoas de baixo status morram ao ter contato com pessoas de um povo culto. Essa observação vale para australianos, polinésios, habitantes do norte da Ásia, norte-americanos e muitos povos da África do Sul e da América do Sul.

"A teoria de que a morte esteja predeterminada somente pela fraqueza intrínseca da raça é equivocada", escreve Ratzel.

Os europeus são os agentes da extinção — por ser minoritária, a "raça superior" precisa enfraquecer os nativos para estabelecer o domínio. E assim essa raça mata-os e afasta-os, proletariza-os e destrói as fundações daquela organização social.

O traço fundamental da política branca é o excesso de violência do mais forte contra o mais fraco. O objetivo é conquistar território. A expressão mais grandiosa desse comportamento deu-se na América do Norte. Os brancos sedentos por terra invadiram as aldeias fracas e em parte decadentes dos índios. Essa imigração contrária aos tratados internacionais, que no momento em que Ratzel escrevia continuava a crescer em proporção, é uma das principais razões para o extermínio dos índios.

Até esse ponto, Ratzel defende as mesmas ideias que Gerland. E, desde Waitz, essa tinha sido a perspectiva da antropologia germânica. Afinal, a Alemanha não tinha colônias.

138

Mas no início da década de 1890 as ambições coloniais haviam despertado até mesmo na Alemanha. No mesmo ano em que publicou *Anthropogeographie*, Ratzel fundou a Alldeutsche Verband [Associação Pangermânica], uma organização de direita radical que tinha como um dos principais objetivos a criação de um domínio colonial alemão.

Essa ideia entra em conflito com a visão de Ratzel sobre a decadência das raças inferiores.

A questão é se, apesar de tudo, esse "triste processo" não seria levado adiante por força de uma "necessidade demoníaca". A violência e a ocupação de territórios com certeza eram os principais motivos para o retrocesso dos nativos. Mas essa lógica parecia simplista demais para explicar a morte dos povos.

Quando olhamos com um pouco mais de atenção para os ataques europeus, percebemos que um mal preexistente se torna mais nítido. Há entre os povos de cultura pobre uma força de destruição latente, que pode ser colocada em prática assim que a oportunidade se oferece. Sendo assim, o enfraquecimento desses povos não pode ser visto simplesmente como resultado de ataques feitos por povos mais evoluídos.

Não: os povos de cultura pobre têm no fundo um caráter passivo. Preferem suportar em vez de vencer as situações que diminuem seus números. O contato com os europeus tão somente acelera uma extinção que já vinha ocorrendo aos poucos. Muitos povos de baixo nível cultural morreram por motivos internos, sem nenhum tipo de interferência.

E assim Ratzel chega de volta ao ponto de partida. Porém agora afirma o que a princípio havia negado. Para um homem que pretendia construir um império, sem dúvida esse era um ponto de vista mais confortável.

139

Os judeus não podiam ser vistos exatamente como um "povo de cultura pobre", segundo Ratzel. Uma das queixas frequentes a respeito dos judeus era justamente que tinham uma posição excessivamente dominante na vida cultural da Alemanha.

Porém no livro *Politische Geographie* [Geografia política, 1897] Ratzel junta-os aos grupos que, segundo acredita, estão condenados à extinção. Os judeus e os ciganos são classificados ao lado dos "povos de pequenos caçadores no coração da África" e a "numerosas existências similares" na condição de "povos espalhados sem territórios".[2]

Territórios sem povos, por outro lado, já não existem mais. Nem mesmo os desertos podem ser encarados como espaços vazios sem nenhum tipo de liderança. Um povo que precisa de mais terras precisa assim conquistar mais territórios, "que por meio da matança e da expulsão dos nativos transforma-se em um território vazio".

Péricles tinha desabitado Egina para dar espaço aos habitantes da Ática. Roma tinha feito reassentamentos similares. Desde então, operações desse tipo se tornaram cada vez mais necessárias, uma vez que já não havia mais terras desabitadas. "A partir de então a colonização se transformou em expulsão."

A história da colonização americana oferece vários exemplos de povos que foram afastados e reassentados. "Quanto mais a cultura dos imigrantes eleva-se acima da cultura dos nativos, tanto mais fácil é o processo..." Os Estados Unidos são o melhor exemplo dessa rápida expansão: foram de 1,8 milhão de km^2 em 1783 para 4,6 milhões em 1803 e 9,2 milhões em 1867.

A Europa ocupa uma posição singular, pois é o continente mais densamente povoado e, ao mesmo tempo, abriga o povo que cresce mais depressa. Em outras palavras, para a Europa as colônias são uma necessidade.

Mas seria um equívoco imaginar que as colônias precisam estar do outro lado do oceano. A colonização das fronteiras também é uma colonização. E territórios próximos são mais fáceis de defender e de assimilar que territórios distantes. A expansão da Rússia na Sibéria e na Ásia Central é o mais importante exemplo desse tipo de colonização, segundo Ratzel.

E com essa observação Ratzel tinha deixado claro o que pensava sobre o futuro da geografia política da Alemanha.

Hitler recebeu um exemplar do livro em 1924, enquanto escrevia *Mein Kampf* [Minha luta] na prisão de Landsberg.

140

Temos rãs para o jantar. Rãs vivas. Acordo no momento em que estou prestes a morder a cabeça de um sapo verde. Ele ainda pulsa na minha mão.

141

Mas e o direito internacional?

Os britânicos já haviam tratado a própria expansão como uma obviedade. Por outro lado, consideravam a expansão dos franceses no Norte da África e dos russos na Ásia Central ataques desprezíveis. Quanto ao fato de que uma expansão alemã seria imoral, tanto franceses como russos e britânicos estavam de pleno acordo.

Robert Knox concluiu que a força é o próprio direito.[3]

"Enquanto escrevo, a raça celta está a caminho de conquistar o Norte da África com o mesmo direito que usamos para tomar o Hindustão — ou seja, a força, a violência física. O único direito verdadeiro é a violência física", ele escreve.

Os britânicos horrorizam-se com a invasão francesa e consideram-na uma agressão impiedosa. Porém esquecemo-nos, segundo Knox, de que "as leis são feitas para obrigar os fracos a sofrer infrações dos fortes". Seria mesmo razoável esperar que a poderosa França se desse por satisfeita mantendo-se "cercada, presa e aprisionada" no interior de fronteiras determinadas pelo acaso e pelo resultado das guerras? Não, claro que não.

E isso mesmo que consideremos a França apenas uma nação! Se olharmos um pouco mais de longe e lembrarmo-nos de que a França também representa uma raça — então vemos que as reivindicações francesas são totalmente justificadas.

"A raça celta exige como herança uma parte do globo terrestre que corresponda à sua energia, aos seus números, à sua civilização e à sua coragem."

Foi o que Knox escreveu em 1850. O mesmo argumento foi reformulado em alemão para motivar a expansão alemã rumo ao leste.

142

Como professor de alemão em Glasgow (1890-1900), Alexander Tille havia se familiarizado com a ideologia imperialista dos britânicos. Ele germanizou essa ideologia ao ligar as teorias de Darwin e Spencer com a moral do *Übermensch* de Nietzsche e assim criar uma nova "ética evolutiva".

No campo do direito internacional, a ética evolutiva consistia em dizer que o mais forte tinha razão. Ao subjugar as raças inferiores, os homens não faziam mais do que aquilo que as plantas mais organizadas fazem com as menos organizadas, ou do que aquilo que os animais mais desenvolvidos fazem com os menos desenvolvidos. "Em relação ao direito do mais forte, todos os direitos históricos perdem o valor", escreve Tille em *Volksdienst* [Serviço ao povo, 1893].

Na natureza, o mais alto vence o mais baixo por toda parte. As raças mais fracas morrem, ainda que o sangue não corra. Esse é o *"direito da raça mais forte de exterminar a mais fraca"*.

"Se esta não preserva a capacidade de resistência, então perde também o direito a existir. Àquele que não pode se afirmar, resta perecer."[4]

Essas "leis" de ferro eram formuladas de forma tão generalista que podiam ser aplicadas tanto aos povos naturais não europeus quanto aos povos menos desenvolvidos na própria Europa.

O jornal da Alldeutsche Verband, chamado *Alldeutsche Blätter* [Cadernos pangermânicos], escreveu no ano seguinte, 1894, que as condições vitais da raça germânica podiam ser asseguradas somente por meio de um "espaço para o cotovelo" que se estendesse do Báltico ao Bósforo.

Sendo assim, os alemães não podiam deter-se apenas porque "povos inferiores como tchecos, eslovenos e eslovacos" haviam de perder o direito a uma existência inútil para a civilização. Somente os "povos de cultura elevada"[5] tinham direito a uma nacionalidade própria.

143

Quando os rapazes partem para o ataque eu me abrigo no andar de cima da casa onde passei a minha infância. Encontro-os na escada e me protejo quebrando pedaços da balaustrada e do corrimão para usar como arma. Mas eles são leves e delicados como merengue, e prontamente se desmancham em farelos. No momento seguinte os rapazes conseguem me subjugar.

Soltam o papel de parede no quarto dos meus pais, que desaba no chão. Não que eu tivesse qualquer sentimento especial por aquele padrão floral chamativo, mas assim mesmo é assustador quando a tapeçaria cai. Um padrão de uma tapeçaria é como um esqueleto, mesmo que fique por fora. Toda uma arquitetura de vida desaba, e restam somente as paredes nuas.

144

No Sudoeste Africano em 1904 os alemães demonstraram que também dominavam a arte praticada por americanos, britânicos e outros europeus durante todo o século 19 — a arte de acelerar a extinção de um povo "de cultura pobre".

De acordo com o exemplo norte-americano, o povo herero foi mandado para uma reserva, e os pastos de que dispunha foram entregues a imigrantes e companhias de colonização.

Quando os hereros tentaram resistir, o general Von Trotha determinou em outubro de 1904 que o povo herero fosse extinto. Todos os hereros encontrados dentro do território alemão deviam ser abatidos a tiro, mesmo quando desarmados.[6]

Mas a maioria morreu sem a necessidade de violência. Os alemães simplesmente os levaram até o deserto e fecharam a fronteira.

"O fechamento da zona desértica, feito de maneira estrita por meses a fio, levou a efeito o trabalho de extermínio", afirma o relatório oficial escrito pelo Estado-Maior. "Os arquejos dos moribundos e as vociferações da loucura [...] soavam em meio ao silêncio sublime da infinitude.

"A sentença foi aplicada.

"Os hereros já não eram mais um povo independente."[7]

Esse resultado foi motivo de orgulho para o Estado-Maior. O Exército merecia o agradecimento de toda a pátria.

Na época das chuvas, as patrulhas alemãs encontraram esqueletos ao redor de buracos secos com doze ou dezesseis metros de profundidade, que os hereros tinham cavado em busca de água. Todo esse povo — cerca de 80 mil pessoas — pereceu no deserto. Restaram poucas centenas, todos condenados a trabalhos forçados em campos de concentração alemães.

E foi assim que a expressão "campos de concentração", inventada em 1896 pelos espanhóis em Cuba, anglicizada pelos americanos e reaproveitada pelos ingleses durante a Guerra dos Bôeres, entrou para a língua e a política alemãs.[8]

145

O motivo para o levante foi "a natureza bélica e libertária dos hereros", segundo escreveu o Estado-Maior.

Mas os hereros não eram um povo com predisposição bélica. O líder Samuel Maherero tinha, ao longo de duas décadas, fechado diversos acordos com os alemães e entregado grandes regiões para evitar a guerra.

Mas, assim como os americanos sentiam-se amarrados pelos acordos feitos com os índios, os alemães também não gostavam de saber que, como raça superior, deviam fazer acordos com os nativos.

A imigração alemã planejada para a virada do século pressupunha, exatamente como a migração americana, que os nativos fossem expulsos de todas as terras aproveitáveis. E assim o levante foi bem-vindo, pois representava uma ocasião para "resolver a questão dos hereros".

Ainda não se falava em "solução final", mas o sentido era o mesmo.

E o argumento que ingleses, franceses e americanos por muito tempo haviam usado para defender a prática de genocídio passou a ser formulado em alemão:

"Tanto para os povos como para os indivíduos, vale a regra segundo a qual as existências que não criam valor não podem reivindicar o direito de existir", escreveu Paul Rohrbach no best-seller *Der Deutsche Gedanke in der Welt* [O pensamento alemão no mundo, 1912]. Como chefe da imigração alemã no Sudoeste Africano, ele tinha aprendido filosofia colonial:

> Nenhuma filantropia ou teoria racial é capaz de convencer pessoas sensatas de que a preservação de qualquer linhagem dos cafres africanos [...] seria mais importante para o futuro da humanidade

do que a expansão das grandes nações europeias e principalmente da raça branca.

Somente quando aprenderem a produzir valor a serviço da raça branca, ou seja, a serviço de seu próprio progresso, os nativos poderão conservar o direito moral de existir.

146

Do terraço do hotel eu observo o mercado de Agadèz. Lá embaixo chega um negro de óculos de sol espelhados e terno de veludo. Será que ele tem direito a existir?

E aquele outro homem de sobretudo preto? Ou ainda aquele outro com uniforme esportivo vermelho com listras brancas? Costuma-se dizer que tudo esconde uma beleza, mas também devíamos dizer que tudo esconde um orgulho. Essas pessoas comportam-se como reis. Principalmente as pessoas que usam camisas brancas e mantos esvoaçantes com turbantes que parecem um ninho de águia na cabeça.

Muitas vezes essas pessoas andam de mãos dadas. Não carregam nada a não ser talvez uma escova de dente na boca ou uma espada na cintura.

Toda essa forma de viver encontra-se ameaçada. Os nômades são atacados de um lado pelas ameaças do deserto, de outro lado pelas lavouras dos agricultores, que hoje chegam até os limites do deserto.

Em épocas de seca, quando os pastos somem e os poços secam, os nômades vão para Agadèz. Uns retornam quando a seca acaba, porém a maioria permanece aqui — pobres demais para retomar a batalha contra o deserto. Os nômades moram ao redor de Agadèz, amontoados em pequenas tendas redondas feitas de fibras vegetais, e já triplicaram a população da cidade.

Eles se encontram no mercado de camelos. Eu costumo ir até lá quando o pó torna impossível continuar o trabalho. Os ventos fortes da tarde sopram uma névoa de pó sobre os animais e os homens. Em meio a essa névoa, homens totalmente cobertos põem-se de pé e examinam os camelos uns dos outros.

Os camelos protestam com gritos lamentosos a cada mudança. A boca é cinza e tem um cheiro ruim, a língua é pontuda como uma cunha. Eles bufam como dragões, desferem botes como serpentes, distribuem mordidas terríveis e levantam-se de má vontade sobre pernas altas e trêmulas, postam-se como galgos gigantes de barriga inchada e cintura de vespa e ficam observando os arredores com os olhos cheios de um desprezo indizível.

Essa mesma arrogância também é a marca dos proprietários de camelo. Para muitos desses homens, deixar para trás essa forma de vida é inconcebível. Mas eles também não podem viver de vender camelos uns para os outros. Não podem viver de transportar sal do deserto de Bilma ou Tegguiada In Tessoum com uma caravana, quando um único caminhão leva mais carga que cem camelos juntos.

Não se caçam tuaregues como se caçam os nativos da Amazônia ou os de Bornéu. Mas a fundação daquele tipo de vida está desaparecendo como placas de gelo. Muitos conseguem saltar para as outras placas. Os antigos estábulos de camelos passaram a funcionar como pequenas oficinas e postos de combustível. Como motoristas, os tuaregues podem usar os conhecimentos que detêm sobre o deserto.

Outros desprezam essas mudanças, ou não se adaptam. A vida desses homens se parece com a fechadura do meu quarto no Hotel de l'Air. Todos os parafusos estão faltando, a não ser por um, e além disso o miolo foi colocado ao contrário, então todos os movimentos precisam ser feitos para o lado inverso.

Coloco a chave de cabeça para baixo. Tranco para destrancar e destranco para trancar.

147

Hoje à noite aqui no terraço está um professor alemão que nos últimos sete anos tem passado as férias no Saara. O esporte favorito dele é ir o máximo possível rumo ao sul antes que chegue a hora de voltar. Amanhã ele vai pegar um ônibus para Niamei e tomar um avião de volta para a Alemanha.

Lá, os neonazistas atacam quase todas as noites um abrigo de refugiados, segundo os chiados do transistor que ele tem consigo. Até na Suécia os abrigos para refugiados estão em chamas. Em Paris, Le Pen fala no Primeiro de Maio.

— Eu o ouvi — diz um engenheiro francês que trabalha para a Michelin na Nigéria. — Achei que quando o fascismo voltasse, apareceria vestido em cores alegres e amistosas, para que fosse mais difícil reconhecê-lo. Não imaginei que voltaria com uma camisa marrom e couro preto. Não imaginei que haveria de raspar a cabeça, usar a cruz do sol no peito, coturnos e cinturão de oficial. Não imaginei que fosse descrever-se como "nacional e social".

Mas é dessa forma reconhecível que ele hoje volta, orgulhoso da herança do nazismo. Sempre o mesmo urro ao final de cada frase do líder. Sempre o mesmo ódio aos estrangeiros. Sempre a mesma predisposição à violência. Sempre a mesma masculinidade frágil.

— E sempre o mesmo terreno fértil — acrescenta o alemão.
— Depois da guerra *todos* estavam com medo do desemprego, todos sabiam no que aquilo tinha dado e no que podia dar outra vez. Essa consciência durou 25 anos. Depois foi esquecida.

Afinal, as vantagens são muito atraentes. Uma taxa de desemprego de cinco, dez, quinze, vinte por cento dá uma vantagem incrível ao empregador. A força de trabalho põe-se à disposição, ávida por ser usada.

Claro que você sempre pode contar com um certo extremismo da direita, e claro que os negros e os judeus vão levar a culpa — mas, porra, pelo menos assim você consegue evitar aquela confiança atrevida entre pessoas que sabem que a qualquer momento podem arranjar outro emprego!

E esse é apenas o começo. A grande massa de desempregados está do outro lado do Rio Grande da Europa, na Ásia e na África. Espere até que eles venham em grande número — disse o alemão. — Espere até que as fronteiras venham abaixo, como o Muro, e tudo passe a ser um único mercado de trabalho. Nessa hora quem vai ganhar as eleições?

148

O "espaço para o cotovelo" da Alldeutsche Verband ganhou asas quando, na virada do século, Friedrich Ratzel passou a chamá-lo de "espaço para a vida": *Lebensraum*.

O geógrafo Ratzel era originalmente zoólogo. O conceito de *Lebensraum* misturava a teoria biológica da vida e a teoria geográfica do espaço em uma teoria nova, repleta de material político altamente explosivo.

Entre o movimento incessante da vida e o espaço imutável da terra havia uma contradição, que sempre e em toda parte dá início a disputas, segundo Ratzel escreve em *Der Lebensraum* (1901, publicado em livro em 1904).

Assim que a vida chega aos limites do espaço, vidas passam a lutar contra outras vidas por espaço.

Aquilo a que se chama luta pela existência é, na verdade, uma luta por espaço. Podemos ver a mais autêntica "necessidade de espaço" nos animais que vivem juntos em colônias. Os primeiros a chegar ocupam os melhores lugares, enquanto os retardatários precisam contentar-se com os piores. No meio destes, a mortandade de filhotes é mais alta: centenas de cadáveres espalham-se pelo chão.

Um processo similar pode ser observado na vida humana, escreve Ratzel. O leitor sabia muito bem qual era a sugestão feita. A Alemanha tinha sido uma das últimas nações da Europa a se estabelecer. Num mundo já dividido por forças coloniais, a Alemanha precisaria contentar-se com os piores lugares. Por isso os filhos dos desempregados morriam em Berlim e Hamburgo — essa era a conclusão que se esperava do leitor.

Ainda jovem, Ratzel tinha viajado à América do Norte e visto como os brancos e os peles-vermelhas lutavam por território. Essa luta tornou-se para ele um paradigma a ser mencionado em diversas ocasiões.

Poucas centenas de milhares de índios decadentes e empurrados para terras pouco aproveitáveis tinham visto o próprio continente ser europeizado em termos de flora, fauna e povo. Os espanhóis governavam os nativos agricultores a partir das cidades. Os colonos alemães e franceses na América do Norte, por outro lado, tomavam as terras dos nativos para usá-las com as próprias mãos. "O resultado foi uma batalha de aniquilação cujo prêmio era o território, o espaço."

Essa batalha não dizia respeito apenas ao "espaço de acomodação", como o ninho de um pássaro. Dizia respeito também a um "espaço de obtenção" bem mais amplo. A fim de conquistar e manter um espaço de obtenção suficiente, outros tinham de ser afastados, tinham de perder espaço, o que muitas vezes significava o enfraquecimento ou a extinção de uma espécie — em outras palavras, o abandono definitivo daquele espaço.

A escassez de espaço para a vida torna necessário que as espécies mais antigas desapareçam para oferecer o lugar necessário ao desenvolvimento de uma espécie nova. A decadência é uma condição necessária à renovação e ao progresso. "A história da morte dos povos naturais ante a chegada dos povos de cultura dá inúmeras provas disso."

Quanto à perda de espaço pela espécie antiga, depende de razões internas, como diminuição da vitalidade, e quanto depende da chegada vitoriosa da nova espécie permanece uma questão aberta. O certo é que a derrocada de uma espécie se expressa sempre pela aglomeração num espaço cada vez menor.

Um dos grandes mistérios na história da vida é o fato de que uns dos maiores e mais antigos grupos foram extintos no limiar do período Terciário. Os répteis que dominavam a terra e as águas durante o Triássico, o Jurássico e o Cretáceo foram extintos com a chegada do Terciário e substituídos por mamíferos e pássaros.

Não sabemos por quê. A partir da nossa perspectiva, segundo Ratzel, basta constatar o que aconteceu: um grupo de animais ocupou o lugar de outro no espaço. A extinção muitas vezes foi precedida por uma diminuição de números que deve significar que a própria dispersão no espaço também diminuía.

Ratzel não precisou sequer tirar a conclusão. E assim mesmo tudo estava claro: um povo que não pretende ter o mesmo destino que os dinossauros deve expandir constantemente o próprio espaço para a vida. A expansão territorial é o mais seguro e, no fundo, o único símbolo verdadeiro da força vital de uma nação e de uma raça.[9]

149

A teoria de Ratzel era um bom resumo do que acontecera durante o século 19. A expansão europeia por quatro continentes, o crescimento dos impérios britânico, francês e russo — exemplos como esses pretendiam mostrar que a expansão territorial era necessária e proveitosa aos conquistadores. Um território estagnado devia ser encarado como um acontecimento tão anormal e deletério quanto um PIB estagnado.

Mas já na virada para o século 20, quando o conceito de *Lebensraum* foi proposto, essa perspectiva era obsoleta. As dimensões territoriais haviam sido decisivas para o estado agrário, mas para o estado industrial havia outros fatores mais importantes. A Alemanha, que do ponto de vista geográfico era um país insignificante, desenvolveu a economia no final do século 19 com a mesma rapidez que os Estados Unidos, com um território enorme, e significativamente mais depressa do que o Império Britânico. A técnica e a educação já eram forças econômicas mais importantes do que a extensão territorial.

A teoria do *Lebensraum* tinha os olhos voltados ao passado. Talvez por isso mesmo tenha sido um estrondoso sucesso. Tratava-se de um apelo para que a última grande potência recém-chegada imitasse aquelas que lhe haviam precedido. "A perdedora de 1870", que era como a Alemanha se referia à França, desde então havia construído o segundo maior império colonial do mundo. Por que a Alemanha não tinha feito o mesmo? Os alemães haviam ficado para trás. E a Alemanha precisava voltar ao topo mais uma vez!

O critério que se tinha em mente não era o PIB, a balança de exportações ou o padrão de vida (números que para os padrões da época evoluíam muito bem na Alemanha), mas o território, as propriedades físicas, os bens imóveis.

Segundo a teoria do *Lebensraum*, a Alemanha deveria usar a força que o país havia ganhado com um novo meio de produção — a indústria — para obter um velho meio de produção — a terra —, mais ou menos como os novos barões da indústria faziam exibições de força afastando a antiga nobreza de casas senhoriais e de outras propriedades.

Por quê? Ora, por que um fisiculturista quer ter músculos hipertrofiados?! A expansão era um fim em si mesmo, e o motivo apresentado era um motivo apenas nas aparências.

Dizia-se que um povo em expansão precisa de espaço. Um povo que não "providencia o próprio sustento"[10] está fadado a morrer. Por quê? Nunca houve resposta.

Hitler começou a guerra para obter mais território vinte anos antes que todos os Estados da Europa começassem a pagar os agricultores para que largassem a agricultura.

150

Quando Adolf Hitler entrou na política, uma das possibilidades expansionistas da Alemanha estava fechada. A esquadra britânica detinha a supremacia dos mares e impedia qualquer tentativa de conquistar novos territórios nas colônias.

Restava então o continente. Hitler escreveu em *Mein Kampf* sobre a maneira como a Alemanha e a Inglaterra deviam repartir o mundo entre si. A Alemanha devia expandir-se rumo ao Oriente como a Inglaterra havia se expandido rumo ao Ocidente na América, e rumo ao sul na Índia e na África.

Foi esse o plano que Hitler tentou pôr em prática com a investida contra a União Soviética em 1941.

A propaganda alemã descrevia a guerra como uma cruzada contra o comunismo. Assim Hitler esperava ganhar a simpatia de todas as pessoas do oeste da Europa e dos Estados Unidos que odiavam o comunismo.[11]

Mas essa cruzada jamais teria sido lançada caso não houvesse também motivos econômicos.

No curto prazo, Hitler pretendia conquistar as terras cultiváveis no oeste da União Soviética para melhorar as condições de subsistência da Alemanha durante a guerra. A morte de dezenas de milhões de pessoas (*"zig Millionen Menschen"*) em razão da fome na União Soviética era vista como uma vantagem adicional.

No longo prazo, Hitler pretendia anexar essas terras cultiváveis ao *Lebensraum* germânico. O solo, "que por meio da matança e da expulsão dos nativos transforma-se em um território vazio" (nas palavras de Ratzel), passaria assim a ser propriedade alemã. E os eslavos dizimados, assim como tinha acontecido aos hereros no Sudoeste Africano, passariam a ser usados como servos e força de trabalho pelos senhores alemães.

151

Na noite de 18 de setembro de 1941, Hitler pintou diante dos apoiadores um futuro brilhante em que a Ucrânia e a bacia do Volga haveriam de tornar-se os celeiros da Europa. Lá, a indústria alemã poderia obter grãos em troca de mercadorias baratas. "Para os ucranianos, vamos entregar xales, contas de vidro e outras coisas que os povos coloniais apreciam."[12]

Claro que era uma piada. Mas para compreender a campanha de Hitler no Oriente é preciso ter em mente que aquilo que ele imaginava era uma guerra colonial. Para essas guerras aplicavam-se regras especiais. Essas regras tinham sido estabelecidas pelo cientista político mais amado pela extrema direita, Heinrich von Treitschke, em *Politik* [Política, 1898]:

> O direito internacional torna-se apenas uma sequência de palavras caso se pretenda aplicar seus fundamentos também aos povos bárbaros. Para castigar uma tribo de negros é preciso queimar vilarejos, pois sem dar o exemplo não se consegue nada. Se em casos como esse o Reich alemão aplicar o direito internacional, não seria uma demonstração de humanidade ou de solidariedade, mas apenas de fraqueza vergonhosa.

Treitschke apenas formula a práxis por muito tempo aplicada pelos Estados europeus, que Hitler naquele momento pretendia aplicar aos futuros "povos coloniais" do leste.

Na guerra contra as forças do Ocidente, os alemães observavam as leis da guerra. Apenas 3,5% dos prisioneiros de guerra ingleses e americanos morreram sob custódia.

No caso dos prisioneiros de guerra soviéticos, a proporção foi de 57%.

No total, foram mortos 3,3 milhões de prisioneiros de guerra russos, 2 milhões somente no primeiro ano da guerra, por meio de uma combinação de fome, frio, doença, fuzilamentos e câmaras de gás. Os primeiros a serem mortos nas câmaras de gás em Auschwitz foram russos.

Há uma diferença profunda entre esses assassinatos e os assassinatos de judeus. No caso dos russos não judeus, apenas certas categorias — entre as quais estavam intelectuais e comunistas — deviam ser exterminadas por completo. Quanto aos demais, os planos diziam que seria preciso extirpar dezenas de milhões, porém os restantes poderiam continuar a viver como força de trabalho escravizada sob comando alemão. Já o povo judeu devia ser totalmente exterminado.[13]

Nesse ponto o Holocausto foi único — na Europa. A história da expansão dos países ocidentais em outras partes do mundo traz vários outros exemplos do extermínio de povos inteiros.

152

Meu estômago se enche com uma grande bolha de sangue. Toda a minha barriga está repleta de sangue preto.

Como uma unha que escurece e cai em consequência de um trauma, meu corpo escurece e cai.

Resta apenas o sangue que pulsa sob a nova membrana, fina e brilhante como uma bolha de sabão.

Uma gota enorme de sangue preto, ainda intacta por força da tensão superficial: esse sou eu, antes de explodir.

153

"Muitas das ações mais repugnantes executadas pelos nazistas (em particular o massacre dos judeus) [...] tiveram relativamente pouca ligação com os aspectos imperialistas do programa nazista", escreve Woodruff D. Smith em *The Ideological Origins of Nazi Imperialism* [As origens ideológicas do imperialismo nazista, 1986].

Smith é um grande especialista nesse assunto. Porém na minha opinião ele está errado.

A expansão imperialista oferecia aos nazistas 1) uma possibilidade prática e 2) uma motivação econômica para exterminar os judeus. Além disso, 3) a fundamentação teórica do projeto de extermínio, a teoria do *Lebensraum*, pertence à tradição imperialista. Também pertence à tradição 4) o modelo histórico para o extermínio dos judeus: o genocídio perpetrado em colônias.

Quando teve início o genocídio, restavam apenas 50 mil judeus na Alemanha. Os outros já haviam fugido ou então sido expulsos. As maiores populações judaicas encontravam-se na Polônia (1,8 milhão) e na Rússia (5 milhões). Hitler teve uma oportunidade real de exterminá-los, bastando para tanto que atacasse e conquistasse essas regiões.

O principal objetivo da conquista não era exterminar os judeus, assim como o objetivo principal dos americanos ao se deslocar rumo ao oeste não era exterminar os índios. O objetivo era ampliar o *Lebensraum*. Os judeus russos moravam justamente nas regiões mais cobiçadas por Hitler. Lá, representavam 10% da população total e 40% da população urbana.

Para nazistas convictos, o genocídio dos judeus era uma forma de concretizar um dos pontos programáticos mais importantes do partido. Para os menos convictos, o genocídio era uma forma prática de diminuir o consumo de alimentos e abrir espaço para a futura ocupação alemã. A burocracia alemã falava em "desjudização" (*Entjudung*) como uma forma de evitar "comedores supranumerários" (*überzähligen Essern*), para dessa forma promover "equilíbrio entre a população e o espaço nutricional".

O próprio Hitler foi movido durante toda a carreira política por um ódio fanático aos judeus. Esse antissemitismo tem raízes em uma tradição com mais de mil anos, que em repetidas ocasiões levou ao assassinato em massa de judeus. Mas o passo de assassinato em massa para genocídio só foi dado quando a tradição antissemita por fim se encontrou com a tradição de genocídios surgida durante a expansão europeia na Europa, na América, na África e na Ásia.

Segundo a teoria do *Lebensraum*, os judeus eram um povo sem terra, como os pequenos caçadores no interior da África.

Pertenciam a uma raça ainda mais baixa que os russos e os poloneses — uma raça que não podia reivindicar sequer o direito de viver. Era natural que se exterminassem essas raças inferiores (fossem tasmanianos, índios ou judeus) caso estivessem no meio do caminho. Esse fora o procedimento adotado por outras nações ocidentais dominantes.

Os nazistas pregaram estrelas nos casacos dos judeus e os reuniram em "apartados" — como os índios, como os hereros, como os bosquímanos, como os ndebeles e todos os outros filhos das estrelas. Nos apartados, essas pessoas morriam por conta própria assim que a alimentação era cortada. Afinal, era uma triste regra que os povos inferiores morriam ante o contato com povos altamente desenvolvidos. E, se não morressem depressa o bastante, o único jeito era abreviar-lhes o sofrimento. A questão era que todos deviam morrer.

154

Auschwitz foi a aplicação industrial e moderna do extermínio sobre o qual a supremacia mundial da Europa desde muito tempo repousava.

Rumo a Zinder

155

O assassinato dos judeus pelos nazistas, como todos os demais acontecimentos, precisa ser analisado no contexto histórico, por mais *einzigartig* [específico] que tenha sido.

No controverso livro *Why Did the Heavens Not Darken: The "Final Solution" in History* [Por que os céus não se escureceram: A "solução final" ao longo da história, 1988], Arno J. Mayer revisita os horrores da Guerra dos Trinta Anos, o saque de Magdeburgo em 10 de maio de 1631, quando 30 mil homens, mulheres e crianças foram assassinados, e até mesmo os assassinatos de 1100 moradores de Mainz pelos cruzados em 1096, para encontrar correspondências históricas ao assassinato em massa de judeus ocorrido durante a Segunda Guerra Mundial.[1]

Por outro lado, não há nenhuma menção ao tráfico europeu de escravizados, que provocou a migração forçada de 15 milhões de negros entre os continentes e possivelmente matou esse mesmo número de pessoas. As guerras coloniais e expedições punitivas dos séculos 19 e 20 tampouco são mencionadas. Se Mayer tivesse simplesmente olhado para essa direção, teria encontrado tantos exemplos de extermínio brutal claramente baseados em convicções racistas que a Guerra dos Trinta Anos e as Cruzadas pareceriam eventos desnecessariamente longínquos.

Somente durante a minha viagem ao Saara estive em duas cidades como Mainz. Uma chama-se Zaatcha. Por lá, toda a população foi liquidada pelos franceses em 1849. A outra chama-se Laghouat.[2] Lá, o terço restante da população inteira — composto acima de tudo por mulheres e crianças — foi massacrado após uma investida em 3 de dezembro de 1852. Num único poço foram encontrados 256 cadáveres, sem contar os cadáveres de animais.

Essa era a forma de lidar com as raças inferiores. Não era de bom-tom falar sobre esses assuntos. Mas também não era preciso evitá-los. Eram assuntos eminentemente práticos.

Poucos foram os debates sobre eventos como aqueles que ocorriam enquanto Joseph Conrad escrevia *Coração das trevas* e a expedição rumo à África Central seguia em direção a Zinder.

156

O ônibus rumo a Zinder parte às sete e meia. No amanhecer eu encontro um homem com um carrinho de mão que me ajuda a transportar o processador de texto e a mala de viagem.

Venta bastante e a manhã está gelada. Fogos bruxuleiam do outro lado da rua e lâmpadas solitárias iluminam-se com um brilho fraco, vencidas pelo nascer do dia.

Meia hora depois o motorista chega e começa a lavar os vidros do caminhão Renault convertido em ônibus. Nas laterais está escrito em letras garrafais: SOCIETE NATIONALE DE TRANSPORT NIGERENNE.

Os vendedores de cigarros avulsos e pirulitos começam a aparecer. Um homem trêmulo carrega nozes vermelhas já descascadas e indecentemente expostas no tabuleiro. Uma touca de bebê amarela emoldura o rosto negro como antracito.

Já perto das oito e meia chegam as mulheres cegas, todas juntas, cantando, mendigando, guiadas por crianças, algumas com bebês às costas.

Às nove horas a lista de passageiros é chamada e cada um recebe um papelote, que após nova conferência é trocado pelo bilhete já comprado e pago.

Do alto de um barril, um homem joga as bagagens para o motorista, que as acondiciona no teto do ônibus.

Depois o fiscal da estação sobe no ônibus e lá dentro, de onde é muito difícil ouvi-lo, faz a terceira e última conferência. Não é fácil prever como um nome como o meu vai ser pronunciado. Não escuto quando me chamam e assim perco o meu lugar na frente do ônibus. Restam apenas os lugares no fundo.

Ainda posso me arrepender. Ainda posso desistir. Não tenho como aguentar os solavancos na parte de trás. E no deserto não há como voltar atrás. São oito horas por lá, e não há nada a fazer durante esse tempo senão avançar. É agora, nesse instante, e apenas nesse instante, que ainda tenho a chance de descer...

Sempre a mesma liga de pânico e alegria no momento da partida. É como perder o controle numa grande paixão. O que vai acontecer de agora em diante? Não tenho a menor ideia. Sei apenas que me joguei por inteiro.

157

À frente da expedição feita em 1898 à África Central estavam o capitão Voulet e o tenente Chanoine.

Na época com 32 anos, filho de médico, Paul Voulet tinha, segundo os colegas, "um grande amor pelo sangue e pela crueldade, misturado a uma sensibilidade por vezes ridícula". Mais tarde foi dito que Voulet tinha uma personalidade fraca e permitira-se dominar por pessoas más: a amante negra e Chanoine.[3]

Charles Chanoine, filho de general, foi descrito como impulsivo, implacável e cruel — "cruel por sangue-frio e também por gosto". Dois anos antes, em 1896, os dois amigos tinham conquistado Uagadugu no país que hoje é Burkina Faso, e assim dado mostras de competência para queimar vilarejos e assassinar nativos. Com o prospecto da nova expedição, Voulet assegurou o governador do Sudão de que saberia destruir a oposição fazendo com que os vilarejos queimassem.

Apesar da fama, ou talvez por causa dela, Voulet foi designado chefe de uma expedição que exploraria a região entre o Níger e o lago Chade para colocá-la "sob a proteção da França".

Para além disso, as ordens eram totalmente vagas. "Não pretendo oferecer instruções nem quanto ao rumo a tomar nem quanto à forma de tratar os chefes e o povo nativo", escreveu humildemente o ministro colonial.

Voulet tinha carta branca para usar os métodos que lhe haviam rendido fama.[4]

158

São 450 quilômetros entre Agadèz e Zinder, 450 quilômetros de tábua de lavar roupa coberta por dunas semoventes que o tempo inteiro jogam o ônibus para cima e fazem-no cair outra vez.

O motorista imprime uma boa velocidade para que a viagem chegue ao fim antes do pôr do sol. É como estar sentado em cima de uma britadeira. Tenho a impressão de que os lipídios no meu sangue poderiam se transformar em manteiga com as vibrações.

Além disso, é preciso manter-se o tempo inteiro atento para erguer-se do assento e receber o impacto dos buracos com os músculos das pernas e dos braços e não com as costas. Mas a cada cinco ou dez buracos eu não percebo que o motorista tirou o pé do acelerador e sou jogado com toda a força contra o centro da Terra.

Todas as vértebras nas minhas costas desabam, e os discos que as separam recebem toda a força do impacto.

Nas primeiras horas o vento é muito forte. O pó transforma o dia em noite branca. A areia sopra pela estepe e pela savana. A grama branca da estepe se afoga, os arbustos nadam desesperados nas ondas de areia. Árvores solitárias revelam-se em contornos difusos em meio à escuridão do pó, vultos humanos envoltos pela bruma avançam com dificuldade, açoitados pela areia no ar.

Quando o deserto chega, o ataque parece vir da areia, mas o que mata é a seca. Plantas mortas já não podem conter o movimento da areia. Andamos durante horas por aquela floresta esparsa onde apenas uma em cada cem árvores permanece viva. Troncos brancos jazem como esqueletos contorcidos no chão.

Após cinco horas de deserto, chegamos de repente às lavouras. O limite das terras cultiváveis passou a coincidir com o limite do deserto. O delicado espaço de vida que os nômades outrora descobriram entre o deserto e as lavouras não existe mais.

159

A expedição à África Central marchou aqui no limite do deserto em 1898.

Era composta por nove oficiais franceses, setenta soldados senegaleses e trinta intérpretes e "agentes". Além disso haviam recrutado quatrocentos homens como "tropas de ajuda" — africanos que acompanhavam os franceses e participavam de batalhas para ter a oportunidade de saques. Em Tombuctu, juntaram-se ao grupo noventa senegaleses que o tenente-coronel Klobb havia colocado à disposição da expedição.

Voulet levou grandes quantidades de armas e munições, mas não tinha separado dinheiro para remunerar carregadores. Como resultado, oitocentos negros foram capturados e simplesmente obrigados a carregar. Esses homens usavam roupas leves e adequadas ao calor de onde foram capturados, e assim passaram a sofrer muito com o frio durante a noite no deserto. Houve uma epidemia de disenteria, e 148 carregadores morreram durante os dois primeiros meses da expedição. Chanoine deu o exemplo ordenando que atirassem em todos os que tentassem empreender fuga.

Os víveres eram requisitados nos vilarejos, obviamente sem nenhum tipo de compensação. A expedição, que com montarias, ajudantes e concubinas tinha chegado a 1600 pessoas e oitocentos animais, avançava como uma nuvem de gafanhotos por regiões que em circunstâncias normais já viviam no limiar da fome. Nenhum dos comandantes tinha experiência com o deserto. A expedição foi obrigada a ir de um poço a outro, totalmente dominada pela necessidade de fornecer diariamente 40 mil litros de água para os animais e as pessoas que a compunham.

160

Nesse meio-tempo, Joseph Conrad estava sentado em frente à secretária Chippendale em Pent Farm, Kent, escrevendo a história de Kurtz — a história das atrocidades cometidas em nome da Civilização e do Progresso.

Ele não pode ter sofrido a influência dos acontecimentos no Sudão francês, pois ainda não sabia de nada a esse respeito.

Foi somente no dia 29 de janeiro, quando Conrad já tinha praticamente terminado a história, que um dos oficiais franceses, o tenente Peteau, foi mandado de volta por "falta de disciplina e entusiasmo". E foi somente no dia 5 de fevereiro que Peteau escreveu uma carta de quinze páginas para a futura esposa em Paris contando parte dos horrores que havia presenciado.

Os carregadores recrutados à força eram maltratados e recusavam-se a receber atendimento médico durante a epidemia de disenteria, escreve Peteau. Os que não aguentavam continuar tinham a garganta cortada. Doze carregadores foram mortos a tiro por tentativa de fuga, e os restantes foram presos uns aos outros em grupos de cinco, com correntes no pescoço.

Para recrutar novos carregadores, os franceses enviavam patrulhas que cercavam vilarejos ao nascer do sol e atiravam contra todos os que tentavam fugir. Como prova de que haviam feito o trabalho conforme as ordens recebidas, os soldados tinham que apresentar as cabeças degoladas. Voulet pedia que as cabeças fossem espetadas em estacas e as exibia para intimidar a população até a rendição total.

Em Sansan-Hausa, um vilarejo que já se encontrava sob "proteção" francesa, Voulet deu ordens de que trinta mulheres e crianças fossem mortas — com baioneta, para economizar munição. Segundo Kourtey, o chefe, as vítimas foram ainda mais numerosas. "Eu não tinha feito nada contra aqueles homens", ele disse. "Dei tudo o que eles pediram. Eles me deram ordens para que eu providenciasse seis cavalos e trinta vacas no prazo de três dias. Foi o que fiz. E assim mesmo mataram todos os que puderam encontrar: 101 homens, mulheres e crianças."

161

A noiva de Peteau, horrorizada, enviou a carta para um parlamentar, e no meio de abril o governo foi obrigado a intervir.

O governador do Sudão deu ordens para que o tenente-coronel Klobb, em Tombuctu, procurasse Voulet e assumisse o comando da expedição.

Assim como, no romance de Conrad, Marlow ruma ao interior para encontrar Kurtz, Klobb saiu à caça de Voulet. Os rastros eram fáceis de seguir, pois consistiam em ruínas e cadáveres que se tornavam cada vez mais atrozes à medida que Klobb se aproximava.

Klobb encontrou guias em estado lastimável; tinham sido pendurados ainda vivos a uma altura baixa, para que as hienas pudessem comer-lhes os pés enquanto o restante do corpo ficava para os abutres. Na entrada do vilarejo incendiado de Tibiri, duzentos quilômetros a oeste de Zinder, Klobb encontrou os corpos de treze mulheres pendurados em árvores. Em frente a Koran-Kaljo, mais perto de Zinder, foram dois corpos de crianças.

No dia 10 de julho de 1899 Klobb chegou ao pequeno vilarejo de Damangara e descobriu que Voulet encontrava-se a poucas horas de marcha de lá.[5]

162

No meio da noite meu pai me liga. Surpreso e confuso, atravesso o pátio do hotel em meio ao escuro para atender o telefonema na recepção. Quando pego o fone ouço apenas chiados.

Nem haveria como ser diferente, percebo ao acordar. Afinal, meu pai já morreu.

O calor me atinge com um abraço úmido. O calor do Saara é como um chicote. Existe apenas onde os raios do sol caem — a sombra era fresca, a noite era fresca. Aqui em Zinder as temperaturas raramente caem abaixo de quarenta graus no verão.

As veias incham e revelam-se como serpentes por baixo da pele — e pulsam, latejam, prestes a arrebentar.

Mãos e pés incham, as solas dos pés ardem, os dedos mais parecem clavas, a pele não aguenta.

O rosto incha, torna-se poroso e se abre. O suor escorre dos poros de repente, como quando uma gota de chuva se bate contra a pele.

Sinto um calor escaldante na parte interna do braço e noto que ele está tocando na minha barriga — me queimei no meu próprio corpo.

Toda a carne se avoluma, transborda e põe-se a escorrer. Basta um movimento e a umidade atinge todo o corpo. Mesmo sem nenhum movimento o corpo fica úmido.

Bebo tanta água que os níveis de sal do corpo se alteram. Então eu como sal, tenho ainda mais sede e bebo ainda mais. A barriga incha, o corpo chapinha, nada adianta.

Na manhã seguinte estou sentado como de costume na biblioteca do Instituto Francês, lendo o diário de Klobb. Mas os pensamentos se enrijecem como sangue coagulado na cabeça, as tardes começam cada vez mais cedo e depois tudo parece ceder a um sono quente.

No entardecer, quando me sento para ouvir as notícias na rádio do hotel, escuto uma interferência que tem o som do mar.

Por cima de mim rolam ondas grandes e estrondeantes que trazem o delicioso frescor do espaço.

163

O encontro entre Klobb e Voulet foi ainda mais dramático que o encontro entre Marlow e Kurtz no romance de Conrad — que a essa altura já tinha sido terminado e publicado na *Blackwood's Magazine*. Afinal, Marlow não precisou obrigar Kurtz a acompanhá-lo no caminho de volta. Kurtz ficou muito doente e foi convencido a segui-lo. Não foi o que aconteceu com Voulet.

Klobb despachou um sargento e dois soldados com uma carta que, de maneira sucinta, explicava a Voulet que ele tinha sido tirado do comando da expedição e devia voltar de imediato. Voulet respondeu que tinha seiscentas espingardas contra as cinquenta de Klobb e que abriria fogo caso Klobb se aproximasse.

No dia 13 de julho Voulet ordenou a matança de 150 mulheres e crianças à guisa de castigo por dois soldados mortos durante o ataque a um vilarejo próximo. No mesmo dia ele escreveu mais uma carta para Klobb e advertiu-o novamente de que não devia se aproximar.

Klobb estava convencido de que nem os soldados senegaleses nem os oficiais franceses teriam a coragem de atirar contra um oficial branco hierarquicamente superior. Contava que os noventa soldados que havia emprestado à expedição seriam leais a ele, e não a Voulet.

O que ele não sabia era que Voulet e Chanoine tinham ocultado as correspondências enviadas por ele dos outros brancos para mandá-los em outras missões nos arredores. Os dois estavam a sós com tropas de negros fiéis a eles.

No dia 14 de julho, o Dia da Bastilha, as tropas de Klobb e Voulet viram-se frente a frente. Klobb deu a seus homens ordens estritas de não abrir fogo em nenhuma hipótese. Sendo assim, os homens começaram a mover-se lentamente em direção a Voulet. Voulet deu ordens para que seus homens disparassem duas salvas de tiros para cima. Quando chegou perto o suficiente, Klobb interpelou diretamente os soldados.

Voulet enfureceu-se e, com os próprios homens sob a mira da pistola, ordenou que atirassem contra Klobb. Klobb foi ferido e caiu, mas assim mesmo pediu que seus homens não respondessem ao fogo. A salva que veio a seguir o matou.

164

Na África, Voulet obviamente não tinha lido a recém-publicada história de Conrad a respeito de Kurtz, o branco que, à base de medo e magia, havia se tornado rei de um reino negro no coração do continente.

Mas, quando os oficiais brancos retornaram naquela mesma tarde, Voulet explicou o que tinha acontecido e ofereceu a seguinte solução: a expedição seguiria até o lago Chade e lá fundaria um reino próprio, "um império inexpugnável, cercado por deserto sem água".

— Não sou mais francês, sou um chefe tribal negro — disse Voulet.

No dia seguinte os sargentos negros ameaçaram fazer um motim. Voulet foi alertado por um intérprete que foi no mesmo instante morto com um tiro por não ter dado o aviso antes. Ele pegou o cavalo e, ao lado de Chanoine, dirigiu-se aos soldados enquanto atirava contra eles. Os soldados responderam ao fogo e mataram Chanoine. Na manhã seguinte, quando tentou se aproximar do acampamento, Voulet também foi morto a tiros.

Os oficiais franceses fizeram um conselho de guerra e decidiram levar a expedição adiante. Marcharam em direção a Zinder e conquistaram a cidade.

165

O proprietário do hotel passa o dia inteiro no pátio, falando com o papagaio. O tom da voz é cheio de carinho e afeto, ao contrário dos modos bruscos que ele emprega nos contatos com o mundo exterior.

Às vezes ele pega os dois cachorros e exercita-os no pátio. Uma posição intermediária é assumida pelo filho adotivo, um menino negro bonito, filho da falecida esposa.

Eu sou o único hóspede.

E me aprofundo na história de Zinder. Outra expedição francesa bem maior, que tinha acabado de cruzar o Saara, estava a caminho de Zinder no verão de 1899.

Para outros franceses, portanto, conquistar aquela cidade era supérfluo.

Mas o que havia sobrado da expedição à África Central chegou lá primeiro. E foram esses homens que se consagraram com glória imortal ao fazer a conquista de Zinder. Assim, os oficiais da expedição tinham a esperança de que seus crimes fossem relegados ao esquecimento.

E assim foi.

Quando a notícia do assassinato de Klobb chegou a Paris em 23 de agosto, uma investigação foi lançada. Depois de juntar três grandes caixas de papelão cheias de testemunhos e documentos, só havia uma explicação possível: o clima. Voulet devia ter enlouquecido em razão do calor africano.[6]

Os crimes dos outros foram perdoados e esquecidos. A França manteve os territórios conquistados.

A esquerda francesa assumiu o governo em 1899 e não demonstrou nenhum interesse em continuar as investigações. A direita menos ainda. A verdade repugnante foi esquecida naquelas caixas de documentos.

166

Mas é claro que mesmo assim certos fatos vazaram. Claro que os franceses instruídos sabiam mais ou menos, ou talvez até precisamente, o que acontecia quando as colônias eram conquistadas e passavam a ser administradas pela França.

Da mesma forma, os franceses instruídos nas décadas de 1950 e 1960 sabiam o que as tropas francesas faziam no Vietnã e na Argélia.

Da mesma forma, os russos instruídos na década de 1980 sabiam o que as tropas faziam no Afeganistão, e os sul-africanos e americanos instruídos por volta dessa mesma época sabiam o que as "tropas de apoio" faziam em Moçambique e na América Central.

Da mesma forma, os europeus hoje sabem que crianças morrem quando o chicote da dívida estala sobre os países pobres.

Não é conhecimento o que falta. As pessoas instruídas de praticamente todas as épocas conheciam e conhecem os horrores que foram e são perpetrados em nome do Progresso, da Civilização, do Socialismo, da Democracia e do Mercado.

167

Em todas as épocas foi também vantajoso negar ou reprimir esse conhecimento. Ainda hoje existem leitores da obra de Conrad que afirmam que falta universalidade a *Coração das trevas*.

Já se disse que as condições no Congo do monarca belga Leopoldo II foram únicas na história. O romance não pode ser encarado como um libelo contra o mundo civilizado como um todo, uma vez que o regime repressor no Congo belga foi um acontecimento único, hoje condenado por praticamente todas as pessoas de bom senso.

Mas durante os meses em que Conrad escreveu a história coisas similares, embora ainda piores, aconteciam em outro rio, o Níger, que fluía em direção a outra câmara daquele mesmo coração negro.

Não, os belgas não foram únicos; os oficiais suecos a serviço deles tampouco. Marlow-Conrad poderia ter contado a mesma história a respeito de qualquer povo culto da Europa. Na prática, toda a Europa comportou-se de acordo com a máxima *"exterminate all the brutes"*.

Oficialmente, todos negaram, claro. Mas todos sabem que foi assim.

É por isso que Marlow pode narrar a história da maneira como a conta no romance de Conrad. Ele não precisa contar os crimes perpetrados por Kurtz. Não precisa descrevê-los. Não precisa apresentar provas. Porque ninguém duvidava.

Marlow-Conrad podia tranquilamente pressupor que tanto os cavalheiros que ouviam a história no barco de passeio *Nellie* como os leitores conservadores da *Blackwood's Magazine* no fundo já sabiam o suficiente para compreender a história, e poderiam usar a fantasia para expandir os detalhes que o romance simplesmente insinua.

Esse conhecimento reprimido é a pressuposição mais fundamental da obra.

E trata-se de um conhecimento que pode ser formulado em linguagem genérica e científica. O imperialismo é um processo biologicamente necessário que, segundo as leis da natureza, leva inevitavelmente à extinção das raças inferiores. Uma formulação como essa é possível.

Mas quanto à forma como tudo se concretizou, quanto ao que de fato ocorreu com os exterminadores e os exterminados — essas coisas são no máximo sugeridas.

E quando aquilo que aconteceu no coração das trevas se repetiu no coração da Europa, ninguém foi capaz de reconhecer. Ninguém quis admitir o que todos sabiam.

168

Por todo o mundo existe um conhecimento profundamente reprimido que, se tornado consciente, faria ruir a imagem que temos do mundo e suscitaria inúmeras questões a respeito de nós mesmos — *Coração das trevas* acontece por toda parte.

169

Você sabe. Eu também. Não é conhecimento o que nos falta. O que nos falta é a coragem de olhar para aquilo que sabemos e tirar conclusões.

Notas

PARTE I

RUMO A IN SALAH [PP. 19-30]

1. Ian Watt, *Conrad in the Nineteenth Century*. Berkeley: University of California Press, 1980; Patrick Brantlinger, *Rule of Darkness: British Literature and Imperialism*. Ithaca: Cornell University Press, 1988. O Holoceno é o mais recente período geológico, que começa no fim da Era do Gelo.

2. As citações de Laing foram retiradas de Kim Naylor, *Guide to West Africa: The Niger and Gambia River Route*. Londres: Michael Haag, 1986, p. 193. John Aubrey, *Brief Lives* [1898]. Londres: Secker and Warburg, 1949, p. 157.

3. Joseph Conrad, "An Outpost of Progress" [Um posto avançado do progresso], 1987.

4. Bernard W. Sheehan, *Seeds of Extinction: Jeffersonian Philantrophy and the American Indian*. Chapel Hill: Omohundro Institute/ UNC Press, 1973; Steven M. Stanley, *Extinction*. Nova York: W. H. Freeman & Co., 1987. Richard C. Lewontin, *New York Review of Books*, 14 jun. 1990.

5. Margaret T. Hodgen, *Early Anthropology in the Sixteenth and Seventeenth Centuries*. Filadélfia: University of Pennsylvania Press, 1964, p. 410.

6. Herbert Spencer, *Social Statics* [1850]. Abingdon: Routledge, p. 416.

7. Eduard von Hartmann, *Philosophy of the Unconscious: Speculative Results According to the Induction Method of the Physical Sciences*, v. II, p. 12. Apud J. E. Saveson, *Modern Fiction Studies*, v. 16, n. 2, 1970.

8. Rudolf Augstein, *Historikerstreit: Die Dokumentation der Kontroverse um die Einzigartigkeit der nationalsozialistischen Judenvernichtung*. Munique: Piper, 1987; Frank Chalk e Kurt Jonassohn, *The History and Sociology of Genocide*. New Haven: Yale University Press, 1990; Ervin Staub, *The Roots of Evil: The Origins of Genocide and Other Group Violence*. Cambridge: Cambridge University Press, 1989. Nenhum desses autores percebeu as semelhanças entre o Holocausto de Hitler e os genocídios do imperialismo europeu.
Um autor que percebeu a semelhança foi Richard L. Rubenstein, por exemplo, na dissertação *Genocide and Civilisation* [1987]. Agradeço a Sverker Sörlin pela indicação das obras de Rubenstein e da bibliografia sobre o genocídio elaborada por Helen Fein chamada *Genocide: A Sociological Perspective*. Nova York: Sage, 1993.

UM POSTO AVANÇADO DO PROGRESSO [PP. 31-53]

1. Karl Lange, "Der Terminus 'Lebensraum' in Hitlers 'Mein Kampf'". *VJHZ*, v. 13, 1965, pp. 426-37.

2. Edgar Sanderson, *The British Empire in the Nineteenth Century, Its Progress and Expansion at Home and Abroad*. Londres: Alpha Edition, 1898; James Morris, *Pax Britannica: The Climax of an Empire*. Londres: Mariner Books, 1968, cap. 1; Aaron L. Friedbarg, *The Weary Titan: Britain and the Experience of Relative Decline 1895-1905*. Nova Jersey: Princeton University Press, 1988.

3. Kayerts apud Najder em *Joseph Conrad: A Life*. Nova York: Camdem House, p. 135.

4. Neal Ascherson, *The King Incorporated: Leopold the Second and the Congo*. Londres: Granta Books, 1963; David Lagergren, *Mission and State in the Congo*. Uppsala: Gleerup, 1970.

5. *Regions Beyond*, maio de 1896, pp. 253 ss.

6. O artigo de Dilke é mencionado em Henryk Zins, *Joseph Conrad and Africa*. Nairóbi: Kenya Literature Bureau, 1982.

7. Leonard Courtney, "An Experiment in Commercial Expansion". *Journal of The Royal Statistical Society*, v. LXI, n. IV, p. 640, 1898.

RUMO A KSAR MRABTINE [PP. 54-59]

1. Lô Capitaine, *Les foggaras du Tidikelt*. Trabalho do Instituto de Pesquisas Saarianas, t. 10, Argel, 1953, pp. 139 ss, 1954, pp. 49 ss.

PARTE II

OS DEUSES DAS ARMAS [PP. 63-101]

1. Iain R. Smith, *The Emin Pascha Relief Expedition 1886-1890*. Oxford: Clarendon Press, 1972; Richard Hall, *Stanley: An Adventurer Explored*. Londres: Houghton Mifflin, 1974; Frank McLynn, *Stanley: Sorcerer's Apprentice*. Londres: Oxford University Press, 1991.

2. Philip Magnus, *Kitchener: Portrait of an Imperialist*. Londres: Grey Arrow, 1958; Trevor Royle, *The Kitchener Enigma: The Life and Death of Lord Kitchener of Khartoum, 1850-1916*. Londres: The History Press, 1985; Philip Warner, *Kitchener: The Man Behind the Legend*. Londres: Scribner, 1985; Peter M. Holt, *The Mahdist State, 1881-1898: A Study of its Origins, Development and Overthrow*. Oxford: Clarendon Press, 1970. A execução dos feridos foi defendida na *Saturday Review*, 3 set., 10 set., 1988.

3. Geoffrey Parker, *The Military Revolution: Military Invention and the Rise of the West 1500-1800*. Cambridge: Cambridge University Press, 1988.

4. Daniel R. Headrick, *The Tools of Empire: Technology and European Imperialism in the Nineteenth Century*. Oxford: Oxford University Press, 1981; W. Broadfoot, "The Lee-Metford Rifle". *Blackwood's Magazine*, jun. 1898.

5. Martin Reuss, "The Disgrace and Fall of Carl Peters: Morality, Politics, and Staatsräson in the Time of Wilhelm II". *Central European History*, v. 14, n. 2, pp. 110-41, 1981; *Times*, v. 26-27, abr. 1897. Outros exemplos alemães: Lionel Decle, *Three Years in Savage Africa*. Londres: Legare Street Press, 1900.

6. William Tordoff, *Ashanti Under the Prempehs 1888-1935*. Londres: Oxford Univeristy Press, 1965; Richard Austin Freeman, *Travels and Life in Ashanti and Jaman*. Westminster: Arkose Press, 1898; Michael Rosenthal, *The Character Factory*. Londres: Pantheon, 1986.

7. Tim Jeal, *The Boy-Man: The Life of Lord Baden-Powell*. Nova York: William Morrow & Co., 1990; Robert S. S. Baden-Powell, *The Downfall of Prempeh: A Diary of Life with Natives Levy in Ashanti, 1895-6*. Londres: Methuen, 1896.

8. Philip A. Igbafe, *Benin Under British Administration: The Impact of Colonial Rule on an African Kingdom 1897-1938*. Londres: Longman, 1979; Felix von Luchan, *Die Altertümer von Benin: Veröffentlichungen aus dem Museum für Völkerkunde*. Berlim/ Leipzig: Hacker Art Books, 1919.

9. Reginald Hugh Bacon, *Benin, The City of Blood*. Londres: Alpha Edition, 1898; Molly M. Mahood, *The Colonial Encounter: A Reading of Six Novels*. Londres: Rowman and Littlefield, 1977.

10. Terence O. Ranger, *Revolt in Southern Rhodesia 1896-97: A Study in African*

Resistance. Illinois: Northwestern University Press, 1967; Robert S. S. Baden-
-Powell, *The Matabele Campaign* [1897]. Londres: Methuen & Co., 1901, p. 63.

11. Terence O. Ranger, ibid., p. 121.

12. Darrel Bates, *The Fashoda Incident of 1898: The Encounter on the Nile*.
Oxford: Oxford University Press, 1984.

13. Norman Page, *A Kipling Companion*. Londres: Macmillan, 1984; Charles
Carrington, *Rudyard Kipling: His Life and Work*. Londres: Macmillan, 1955.

RUMO A TAMANRASSET [PP. 102-8]

1. Nicholas Delblanco, *Group Portrait: Joseph Conrad, Stephen Crane, Ford
Madox Ford, Henry James, and H. G. Wells. A Biographical Study of Writers in
Community*. Nova York: Carroll & Graf Publishers, 1984; Iain Finlayson, *Writers
in Romney Marsh*. Londres: Severn House Publishers, 1986; Miranda Seymour,
Ring of Conspirators: Henry James and His Literary Circle 1895-1915.
Massachusetts: Houghton Mifflin Harcourt, cap. 5.

OS AMIGOS [PP. 109-27]

1. H. G. Wells, "On Extinction". *Chambers's Journal*, 3 set. 1893; Bernard
Bergonzi, *The Early H. G. Wells: A Study of the Scientific Romances* [1961].
Toronto: University of Toronto Press, 2016.

2. Wells e Conrad: panorama literário no *Journal of Modern Literature*, 1986,
pp. 37 ss.

3. Robert B. Cunninghame Graham, *Mogreb-el-Acksa*, pp. 25, 43 ss.

4. Id., "Higginson's Dream". *Saturday Review*, v. 1, n. 10, 1898.

5. Cedric Watts, *Cunninghame Graham: A Critical Biography*. Cambridge:
Cambridge University Press, 1979.

PARTE III

A DESCOBERTA DE CUVIER [PP. 141-53]

1. Georges Cuvier, *Mémoires de l'Institut national des sciences et des arts,
sciences mathématiques et physiques*, t. 2. Paris, 1799.

2. Id., *Discours sur les révolutions de la surface du globe* [1812]. Paris: Berche et Tralin, 1985; Dorinda Outram, *Georges Cuvier: Vocation, Science and Authority in Post-Revolutionary France*. Manchester: Routledge, 1984.

3. Steven M. Stanley, op. cit., p. 2 e passim; George G. Simpson, *Fossils and the History of Life*. Nova York: W. H. Freeman & Co., 1983, caps. 1 e 5.

4. Georges Cuvier, *Discours sur les révolutions de la surface du globe*, op. cit., apresentação e posfácio.

5. William Coleman, *Georges Cuvier, Zoologist*. Cambridge: Harvard University Press, 1964, pp. 143-65.

6. Charles White, *An Account of the Regular Graduations in Man* [1735]. Londres: C. Dilly, 1799, p. 315.

7. Margaret T. Hodgen, op. cit., pp. 408 ss, 418 ss.

8. Erik Nordenskiöld, *Biologins historia*, v. 2. Londres: Kegan Paul, Trench, Trubner & Company, 1929, pp. 45 ss.

9. Dorinda Outram, op. cit., p. 97.

10. Charles Darwin, *The Voyage of the Beagle*, 9 jan.-13 abr. 1834.

11. Wilhelm Bölsche, *Ernst Haeckel*. Leipzig: C. Reisner, 1900.

12. Charles Darwin, *A origem das espécies*, cap. 9. William Coleman, op. cit., pp. 174 ss.

13. A carta para Lyell foi citada a partir de *Journal of the History of Biology*, v. 10, n. 19, 1977. Ver também George W. Stocking, *Race, Culture and Evolution: Essays in the History of Anthropology*. Nova York: Free Press, 1968, pp. 113 ss.

RUMO A AGADÈZ [PP. 154-70]

1. Alfred W. Crosby, *Ecological Imperialism: The Biological Expansion of Europe 900-1900*. Cambridge: Cambridge University Press, 1986, cap. 4. [ed. bras.: *Imperialismo ecológico. A expansão biológica da Europa 900-1900*. Trad. de José Augusto Ribeiro e Carlos Afonso Malferrari. São Paulo: Companhia de Bolso, 2011.]

2. Id., *The Columbian Exchange: Biological and Cultural Consequences of 1492*. Connecticut: Praeger, 2003.

3. Woodrow Borah, *New Spain's Century of Depression*. Berkeley: University of California Press, 1951.

4. Russell Thornton, *American Indian Holocaust and Survival: A Population History Since 1492*. Oklahoma: Norman, 1987.

5. Magnus Mörner, *Latinamerikas historia*. Estocolmo: Natur och kultur, 1969; ver também Lewis Hanke, *Aristotle and the American Indian: A Study in Race Prejudice in the Modern World*. Londres: Hollis & Carter, 1959.

6. Adam Smith, *A riqueza das nações*, cap. 8.

7. Philip D. Curtin, *The Image of Africa, British Ideas and Action 1780-1850*. Wisconsin: Palgrave Macmillan, 1964, pp. 363 ss., p. 373.

8. Charles Darwin, *The Voyage of the Beagle*, cap. 5, conclusão; ver também James R. Scobie, *Argentina: A City and a Nation* [1964]. Oxford: Oxford University Press, 1971, cap. 1.

9. James Bonwick, *The Last of the Tasmanians*. Londres: Sampson Low, Son & Marston, 1870; Robert Travers, *The Tasmanians: The Story of a Doomed Race*. Melbourne: Cassell, 1968; George W. Stocking, *Victorian Anthropology*. Nova York: Free Press, 1987, pp. 274 ss.

PARTE IV

O NASCIMENTO DO RACISMO [PP. 173-96]

1. Palestra de Prichard no *Edinburg New Philosophical Journal*, v. 28, pp. 166-70, 1839.

2. Dandeson Coates et al., *Christianity the Means of Civilization: Shown in the Evidence Given Before a Committee of the House of Commons, on Aborigines*. Londres: R. B. Seeley e W. Burnside, L. e G. Seeley e T. Mason, 1837.

3. Adrian Desmond e James Moore, *Darwin*. Londres: Penguin, 1991, p. 26.

4. Philipp Curtin, op. cit., pp. 377 ss, p. 364: "In time, the new racism was to become the most important cluster of ideas in British imperial theory...". [Mais tarde, o novo racismo haveria de transformar-se no mais importante conjunto de ideias na teoria imperial britânica...]

5. Reade é citado inclusive em Henryk Zins, op. cit., p. 186.

6. *Journal of the Anthropological Society of London*, 1864, CLXV. *Natural Selection and Tropical Nature*, 1878.

7. John C. Greene, "Darwin as a Social Evolutionist". *Journal of the History of Biology*, v. 10, 1977.

8. *Transactions of the Ethnological Society of London*, 1867, p. 120.

9. John C. Greene, op. cit.

10. Ver seções 115 e 116.

11. J. A. S. Grenville, *Lord Salisbury and Foreign Policy: The Close of the Nineteenth Century*, 1964, pp. 165 ss.

LEBENSRAUM, TODESRAUM [PP. 197-220]

1. Charles Darwin, *A origem do homem*, cap. 7; Woodruff D. Smith, *Politics and the Sciences of Culture in Germany 1840-1920* tornou-se acessível para mim quando a minha própria obra já estava praticamente concluída.

2. Friedrich Ratzel, *Politische Geographie*, 1897, pp. 35, 119, 121.

3. Robert Knox, *The Races of Mankind: A Fragment* [1850]. Montana: Kessinger Publishing, pp. 149, 198.

4. Alexander Tille, *Volksdienst*. Viena: Wiener Verlag, 1893, pp. 21 ss.

5. As citações do *Alldeutsche Blätter* foram retiradas de Karl Lange, op. cit.

6. *Die Kämpfe der deutschen Truppen in Südwestafrika. Auf Grund amtlichen Materials bearbeitet von der kriegsgeschichtlichen Abteilung I des grossen Generalstabes*, v. 1. *Der Feldzug gegen die Hereros*. Berlim, 1906.

7. Citações retiradas da apresentação e do relatório do Oberleutnant Graf Schweinitz.

8. K. Schwabe, *Der Krieg in Deutsch Südwestafrika 1904-1906*. Berlim: Weller, 1907; Woodruff D. Smith, *The German Colonial Empire*. Chapel Hill: University of North Carolina Press, 1978; Helmut Bley, *Kolonialherrschaft und sozialstruktur in Deutsch-Südwestafrika 1894-1914*. Hamburgo: Leibniz, 1968; "Die Methoden der Menschenbehandlung haben auf das Mutterland zurückgewirkt", p. 314; Andrzej J. Kaminski, *Konzentrationslager 1896 bis heute*. Munique: Piper, 1990, cap. 2.

9. Karl Lange, op. cit.

10. Paul Kennedy, *The Rise and Fall of the Great Powers*, caps. 5-6.

11. Eberhardt Jäckel, *Hitler's Weltanschauung*. Tübingen: Wesleyan, 1969; Reinhard Rürup, *Der Krieg gegen die Sowjetunion 1941-1945*. Berlim: Argon, 1991; Rolf-Dieter Müller, *Hitlers Ostkrieg und die deutsche Siedlungspolitik*. Frankfurt: Fischer, 1991.

12. Werner Jochmann (Org.), *Monologe im Führerhauptquartier 1941-1944*. Hamburgo: Knaus Albrecht, 1980, pp. 58 ss.

13. Gerd R. Ueberschär et al. (Orgs.), *Der deutsche Überfall auf die Sowjetunion*. Frankfurt: Fischer, 1991; Götz Aly e Susanne Heim, *Vordenker der Vernichtung*.

Hamburgo: Fischer, 1991, pp. 115 ss., 123; Eberhard Jäckel e Jürgen Rohwer (Orgs.), *Der Mord an den Juden im Zweiten Weltkrieg*. Frankfurt: Deutsche Verlags-Anstalt, 1987, em particular pp. 164 ss.

RUMO A ZINDER [PP. 221-35]

1. Arno J. Mayer, "Prólogo". *Why Did the Heavens Not Darken: The "Final Solution" in History*. Londres: Verso, 1988.

2. Sobre Zaatcha e Laghouat, ver Sven Lindqvist, *Ökendykarna*. Estocolmo: Albert Bonniers Förlag, caps. 3 e 5.

3. Jacques-Francis Rolland, *Le grand capitaine*. Paris: Grasset, 1976.

4. Douglas Porch, *The Conquest of the Sahara*. Oxford: Knopf, 1984; A. S. Kanya-Forstner, *The Conquest of the Western Sudan: A Study in French Military Imperialism*. Cambridge: Cambridge University Press, 1969; Muriel Mathieu, *La Mission Afrique Centrale*. Toulouse: Universidade de Toulouse-Mirail, 1975, pp. 40, 102, 151. Tese (doutorado); *Documents pour Servir à l'histoire de l'Afrique Occidentale Française de 1895 à 1899*. Paris, s. d. (Correspondência de Chanoine ao pai); General Paul Joalland, *Le drame de Dankori*. Paris: Niles Éditions, 1930; Paul Vigné d'Octon, *La gloire du sabre* [1900]. Paris: L'Harmattan, 1984. Debates na Chambre des députés, 21 jun., 23 nov., 30 nov. e 7 dez. 1900.

5. Arsène Klobb, *Dernier carnet de Route Au Soudan Français, Rapport Officiel Sur La Fin de la Mission Klobb*. Paris: Hachette Livre Bnf, 1904.

6. As caixas de documentos encontram-se hoje no Dépôt des archives d'outre mer, em Aix-en-Provence.

Os custos desta tradução foram apoiados por um subsídio do Swedish Arts Council, ao qual agradecemos.

A marca FSC® é a garantia de que a madeira utilizada na fabricação do papel deste livro provém de florestas gerenciadas de maneira ambientalmente correta, socialmente justa e economicamente viável e de outras fontes de origem controlada.

Copyright © 1992 Sven Lindqvist
Publicado mediante acordo com a Agence littéraire Astier-Pécher.
Todos os direitos reservados.
Copyright da tradução © 2023 Editora Fósforo

Todos os direitos reservados. Nenhuma parte desta obra pode ser reproduzida, arquivada ou transmitida de nenhuma forma ou por nenhum meio sem a permissão expressa e por escrito da Editora Fósforo.

Título original: *Utrota varenda jävel*

EDITORA Eloah Pina
ASSISTENTE EDITORIAL Millena Machado
PREPARAÇÃO Mariana Donner
REVISÃO Adriane Piscitelli e Eduardo Russo
DIRETORA DE ARTE Julia Monteiro
CAPA Rafaela Ranzani
IMAGEM DE CAPA Universal Images Group North America LLC/ De Agostini/ Alamy/ Fotoarena
ILUSTRAÇÕES p. 179 © Wellcome Collection; pp. 69, 74, 85-6, 89, 91, 95-6 Lina Löfström Baker, Swedish National Library
TRATAMENTO DE IMAGEM Julia Thompson
PROJETO GRÁFICO Alles Blau
EDITORAÇÃO ELETRÔNICA Página Viva

Dados Internacionais de Catalogação na Publicação (CIP)
(Câmara Brasileira do Livro, SP, Brasil)

Lindqvist, Sven, 1932-2019
    Exterminem todos os malditos : uma viagem a Coração das trevas e à origem do genocídio europeu / Sven Lindqvist ; tradução Guilherme da Silva Braga. — São Paulo : Fósforo, 2023.

    Título original: Utrota varenda jävel.
    ISBN: 978-65-84568-91-4

    1. África — Descrição e viagens 2. Diários 3. Racismo 4. Relatos de viagens I. Título.

23-167359   CDD — 960

Índice para catálogo sistemático:
1. África : História   960
Tábata Alves da Silva — Bibliotecária — CRB-8/9253

Editora Fósforo
Rua 24 de Maio, 270/276, 10º andar, salas 1 e 2 — República
01041-001 — São Paulo, SP, Brasil — Tel: (11) 3224.2055
contato@fosforoeditora.com.br / www.fosforoeditora.com.br

Este livro foi composto em GT Alpina e
GT Flexa e impresso pela Ipsis em papel
Pólen Natural 80 g/m² da Suzano para a
Editora Fósforo em setembro de 2023.